ベルリンに到着して、大荷物で電車移動。ドナウ川下りは楽しみ半分、不安半分

ヴァッハウ渓谷にて。中世ヨーロッパのお城や要塞を楽しみながら、ドナウ川を下っていく

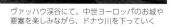

東南アジアを自転車で旅した時は、思うように進めず大きな道路沿いの東屋に寝たことも。蚊帳をつるして準備万端

セルビアでは、カヤック旅の途中でまさかのパラグライダー体験！？

ブルガリアにて、ヨットで立ち寄ったレストランで乾杯！　この後、飲みすぎてドナウに転落することに……

ハンガリーでは４月なのに雪。寒さに耐えられるよう日本でしっかり皮下脂肪を蓄えてきて良かった！

ドナウ川上流（ドイツ）には水門がいっぱい。これをどう越えるかが、悩ましい

夕日と灯りのともった私のテント。ハンガリーでのこの一枚は特にお気に入りだ

冬は薪を集めるのも嫌なくらい寒かったけれど、春になったら焚火を楽しむ心の余裕が出てきた

廃墟に惹かれてしまう私。ここはクロアチアのレンガ工場の窯の中だ

セルビアの市場で買い求めた新鮮野菜。さて、何を作ろうか

テントで一人飲み会。左奥から時計回りにセルビアの地ビールと、バルカン風のソーセージ・チェバプチチ。セルビアの市場で買ってきた野菜でサラダも作った。ヨーロッパはオリーブが安くて美味しい

ブルガリアで居候させてもらったヨットでは一応、私が料理担当。欲張って鍋いっぱいに肉と野菜を煮込んだ。ちょっと船が揺れたらこぼれそう

セルビアとクロアチアの国境地帯に位置する「誰のものでもない土地」に設立が宣言された新国家リベルランド。その担当者・ヴァーニャさんが得意料理をふるまってくれた。鉄の大きな鍋に川魚や野菜を入れて、焚火で焼いたものなど、素材の味がわかる豪快な料理が印象的だった

今回下ったドナウ川で一番川幅が広いところ。セルビアのゴルバツ要塞付近はなんと川幅5キロもあった

旅にはタブレット、カメラなどを持参していて、たまには川岸でのんびり作業をする日も。さて、どんな旅行記になったのか。ぜひ読んで！

ホープレス in ドナウ川

世界の川を下る旅
ヨーロッパ編

はじめに

この旅を一言で振り返れば、「強烈な旅」でした。

コロナ禍、円安、世界情勢悪化のトリプルパンチを迎えても、旅人は旅を続けてしまう、どうしようもない生き物。予想外の事態が起こって仕事をクビになった〝旅人〟の私が思いついたのは、ヨーロッパ10カ国を流れる大河・ドナウ川を黒海目指して一人カヤックで下る旅でした。

でもヨーロッパの旅なんて、ありきたりじゃない？ いえいえ、特に第一部冒頭で取り上げる国は、きっとあなたの知らない国です。それは、カヤック以外ではなかなかたどり着けない場所にある秘境の国。歴史の中でしょっちゅう国境を変化させてきたヨーロッパにおいて、国の定義を問いかけてくる不思議な国でした。

この本では、ドナウ川流域での珍道中を辿りながら、そこで目の当たりにした各国の文化や歴史などの豆知識も紹介しています。読み進めていくうちに、それぞれ異なる性格の国々が、一つドナウ川の下に繋がっていることにロマンさえ感じるでしょう。

私たちは自分の国の「文化」とは何かを考える時、無意識に他国の文化と比較しています。身の回りのあらゆる慣習は、普段は「当たり前」でしかありません。しかし、海の向こうの暮らしと比較した時、その違いからふと、ああこれも自分の国の文化、あれもそうなのだと気が付いたりするものです。だから、旅はきっと、ただ遠い世界を知る行為ではなく、その過程で自分自身の新たな一面を発見する学びの機会でもあると思うのです。私自身、この旅をしたおかげで人生のいくつかの大きな変化を迎えました。

１００年前も、１０００年前も、変わらずに流れ続けてきた川が映す現代のヨーロッパとは？　ドナウ川下りの果てに、世捨て人的な放浪の旅人が選んだ着地点とは何だったと思いますか？

旅に出るのに特別な理由は要らないように、この旅行記も、気軽な気持ちで楽しく読んでいただけたらうれしいです。

佐藤ジョアナ玲子

令和５年12月

第二部　東ヨーロッパ 編

著者近影（ハンガリーにて）

第一部　西ヨーロッパ編

全体地図

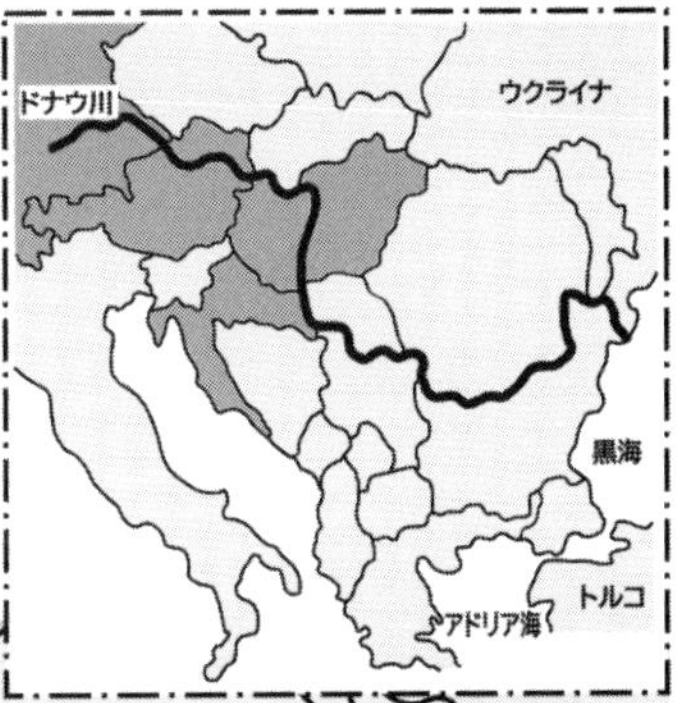

ドナウ川下り
西ヨーロッパ編
拡大地図

ドナウ川の禁じられた新国家

ドナウ川には、誰のものでもない土地がある。どの個人が所有しているかわからないというレベルの話ではなく、どの国の領土なのかハッキリ決まっていないらしい。だったら新しい国を勝手に作ってしまおうという人たちがいて、「リベルランド自由共和国」を宣言している。

そんな国、本当にあるの？　実際、これについて周辺のヨーロッパ諸国の人に聞いても、「リベルランド？　知らないなあ」、「ああ、噂には聞いたことがあるよ、でもあんなのジョークだろ？」と何も情報を得られない。

でも、リベルランドは本当にあった。

私とリベルランドの出会いは、ほとんど偶然だった。

それは、カヤックを漕いで野宿をしながらヨーロッパの国々を旅するドナウ川下りの旅の途中。東欧セルビアとクロアチアはドナウ川を境に国境を接していて、インターネットで地図を確認すると、異常を見つけた。国境を示す線が2本あって、ところどころ交差している。一本は実線で現在のドナウ川をなぞっていて、もう一本の破線は川を突っ切ってくねくねと蛇行している。後者は19世紀以前の古いドナウ川の跡だ。この飛び地が、とある事情から国際的な無主地になっているらしく、そこにリベルランドがあった。

税率ゼロをうたい、仮想通貨による独自通貨を発行し、自由を意味するリバティーから命名されたその新国家は、まだ国連からの承認は受けていない。外交関係を結んでいるのはソマリランドと台湾くらいだが、ともに国連加盟国ではない。それでもリベルランドには政府を名乗るホームページがあって、カヤック旅行中でキャンプがしたい旨を問い合わせると、素早い返答があった。

「リベルランドでキャンプすることは、できます。以前はそういう人もいましたが、最近は国境警備隊に追い払われてしまうのです。でも、クロアチア人でもセルビア人でもない外国の観光客なら、一晩くらい見逃してくれるでしょう。グッドラック」

国境がハッキリしない区域への立ち入りは、やはりセンシティブな問題らしい。リベルランドはドナウ川の西側、つまりクロアチア側に位置していて現在ではクロアチア領土と地続きになっている。そのため、クロアチア当局が監視の目を光らせているのだ。果たしてキャンプできるのかできないのか、よくわからない返事だった。

リベルランドの面積は、バチカンやモナコよりは大きい。だから、行けばなんとなく見えてくるだろう。そう考えていたが、リベルランドに近づいても建物などの目印らしいものは何もなく、カヤックで通ると今まで通り森と少しの砂浜が続いているだけだった。ＧＰＳで場所を知らなければ、まず通り過ぎてしまうが、人はもちろん誰もいないので、キャンプするには絶好のロケーションに思えた。

罪を犯しているという認識はなかった。だって、その土地は誰のものでもないわけで、もちろんゴミも残したりせずにキャンプする。自然の中で勝手に寝泊まりするだけで、誰も傷つけるわけじゃない。だからこそ、もし国境警備隊に追い払われるようなことになったら心外だとさえ思った。

浜にテントを建てて、キャンプ用コンロで即席麺の夕食を済ませ、そして日が暮れかかる頃、「ＰＯＬＩＣＩＪＡ」と書かれた船が通りかかった。国境警備船だ。それは一日のシフトを終えて下流の港へ戻る途中だったのか猛スピードで走行していたのに、私のテントを見つけると一気に減速した。

私は一部始終をテントの側面に空いた小さな空気窓から覗いていた。船はついにＵターンして、こちらへ向かってきた。ゆっくり、ゆっくり、近づいてくる。そして急に、川の途中で静止した。浅瀬に乗り上げたのだ。

私がいる浜の正面には中州があって、川底が遠浅のように続いていた。これなら浅すぎて船が近づけまいと野宿場所に選んだのだ。もちろん国境警備隊員らもその浅さは知っていて、かなり大きく迂回してこちらに向かってきたのだが、それでも座礁してしまった。

ブホンッ……フォンフォンッ!!

しばらく続いた静寂を打ち破ったのは大きなモーター音。盛大に泥水をかきながら後退して、諦めたみたいにどこかへ消えていった。こんなことで残業するなんてばからしいと思い直したんだろう。私の作戦勝ちだった。

本当に生きた心地がしなかったのは、国境警備隊との睨み合いではなく、その翌朝の出来事だった。藪を漕いでリベルランドの森の中を探索すると、林道に出た。しかしその道を辿っていくと、行き止まりだった。

なんだ、つまらないじゃないか。

来た道を引き返そうとしたその時、森の中からハッキリと、低いうなり声が聞こえた。驚いて振り返ると、黒い四足歩行の動物が見えた。

それはかなり近い位置にいながら、細い木々が密集している中にいて、シルエットしかわからないが、とにかく体が大きくて、鼻先がツンと出ていた。熊だと思った。私はその場に固まって、熊にかじられたら痛いのかな、なんて想像した。それからソロリソロリと後退して、カヤックを停めてある砂浜を目指して森の中へ飛び込んだ。

旅行中、こんなわけのわからないところで熊に食べられるなんて、嫌だ。心臓をバクバク鳴らして、何でもないような枝につまずきながら、命からがらの思いでパドルをつかんでリベルランドを脱出した。

人間の生活の痕跡は、リベルランド領土の終わりで見つかった。桟橋とも呼べないボロボロの木製の階段状のものがドナウ川から伸びていて、その先に小屋がポツンと建っていた。

正確には、建っている、と言っても建物の基礎の代わりにドラム缶が底に束ねてあって、ドナウ川の水かさが増した時に浮かぶ仕組みだ。

窓の隙間を覗くと寝具や調理道具が見えた。扉は施錠されていて、毒々しい骸骨マークの張り紙があった。勝手に入るな、というけん制だろう。

少し離れたところに、地面に穴を掘ってビニールシートの壁で囲ったトイレや、大勢でバーベキューを楽しむのに便利なテーブルなんかも見つかった。

ここがリベルランド建国者たちの活動拠点なのだろうか？

国境警備隊に追い払われるような土地に新国家を勝手に宣言するなんて、一体どんな人たちの集まりなんだろう？

そもそも、ここが本当に無主地だとして、一体なぜクロアチアもセルビアも領有権の決着をつけないままでいるんだろう?

なぜ、なぜ、なぜ——。

インターネットで調べてもほとんど情報が出てこない「なぜ」は新鮮で、それだけでワクワクするけれど、私が全ての答えに辿りつくのはもう少しだけ先の話。

ヨーロッパの社会事情に深く絡んでいるであろうこの疑問に真っ向から挑めるほど、私は博識ではない。学者でもなければ、記者でもない。破れかぶれの人生に旅する自由を見つけた、ただの女だったから。

リベルランドに残されていた謎の小屋。ドラム缶のイカダの上に小屋が乗っている

リベルランドでのキャンプ風景。この後ちょっとした事件が起こる。答え合わせは「リベルランドの秘密とエコビレッジ」にて

無職になって

私がもともと働いていた職場はアメリカ中西部コロラド州の田舎にあった。それは、当時25年間の人生で初めて「一生ここで働きたいな」と思えた大切な場所だった。仕事は剥製を作ること。シカやクマ、イノシシを仕留めたハンターがお客様。この仕事に就くまでがもう大変だった。ニッチな分野でなかなか求人が出ないのだ。大学生の頃には片道８００キロ、東京から広島くらいの距離を運転して週末インターンに通った。金曜夜に出て、土曜の晩は工房のトイレの屋根裏スペースに寝袋を広げ、授業がない月曜日に帰った。そうしてやっと熱意が伝わったのか、雇ってもらえることになった。

私は今まで仕事が続いた試しがない。高校生で初めてアルバイトした居酒屋は、タバコの煙で喘息を発症し、１ヶ月ほどで辞めた。アクセサリーショップの店員をした時は、来店するお客はプレゼント用ばかりで、お客自身どんな品物を求めているのかわかっていないのに、何を勧めるべきかわからなかった。とうとう4日目で「売る気が感じられない」とクビになった。

時給の高さに期待を寄せてキャバクラの門を叩いたこともある。ぶっちぎりでナンバーワンだった。下から数えてナンバーワンのオンリーワンだった。店の給料泥棒だ。2週間も経つとシフトを入れてもらえなくなり、辞める旨を伝えると、ボーイは厄介払いができて安心したみたいな顔をした。

そんな私が剥製の仕事と出会ったのは、前回の川下りの旅がきっかけだった。当時、留学先のアメリカで金欠のまま大学最後の夏休みを迎えた私は、アパートの更新ができなくて「ホームレス」になった。そして、ただ寝るだけの場所に家賃を工面するのがバカバカしく思えて、テントで野宿することにした。そして、毎日同じところで寝泊まりするのはつまらないので、知人から譲り受けたカヤックを使って旅をしようと閃いた。近所のミシシッピ川をメキシコ湾まで約3000キロ、3ヶ月かけて漕ぐ旅の途中、いろんな町の船着き場で親切にしてくれる人が現れて、ある時自宅に招待してくれたのが剥製職人の一家だった。

剥製を見たことはあっても、それを作る仕事があるなんて想像もしなかった。どこの町にも拳銃を扱う店があるアメリカでは、狩りは釣りに並ぶメジャーな趣味。家も広いので剥製を飾る余裕があり、一定の需要があるらしい。私は、なんてアメリカンな仕事なんだと感動して、卒業後の進路を剥製工房にした。

剥製職人という仕事は、動物の血に触れることもある。運ばれてきたばかりの頭部を保管する冷凍庫がいっぱいになると、独特のこもった臭いもする。工房長はその臭いを、スメル・オブ・サクセスと呼んでいた。それだけたくさん仕事の依頼があり、商売が繁盛している証拠だからだ。

正直、「大学を卒業してまで就く仕事ではない」と言う人もいた。実際働いてみると、変な人は多かった。例えば、菜食主義者にもいろいろあるように、とある肉好きの同僚は自分で仕留められる動物の肉しか食べなかった。スーパーやレストランの肉はチキンしか食べないのだ。鶏なら自分一人で殺せるが、豚や牛は到底無理なので、食べるのはフェアじゃないという考えだった。

私も一緒に狩りに出た時にシカの足を1本貰い、スーパーで肉類を一切買わずに毎日3食シカ肉生活をしてみたら、1ヶ月で食べ切ってしまった。現代人が1年間に食べるお肉の量は、シカ1頭では足りないだろう。畜産業の大切さに気がついた。

また、工房の隣の酒屋さんには、飲料用ではないアルコールがあって、それは工房の従業員が死肉の中に立派な寄生虫を見つけると記念にアルコール標本にするからであった。交通事故で亡くなった動物を骨格標本にするのが趣味の同僚は、自宅に専用の冷凍庫と、汚れ仕事専用のシャワー室があって、まるでB級ホラー小説の舞台のようだった。かくいう私も、大学では生物学を学んでいたくらい標本好き。剥製作りは天職だと思った。

仕事を得たことで、理想の暮らしも実現した。それはずっと憧れていたキャンピングカーでの生活。たったの4万円で買って、職場の裏庭に置いて暮らした。当然そんな値段だから動かないので、窓に小さな鶏小屋を隣接させて、鶏を飼った。

アメリカの田舎では春になると鶏のヒナを飼い始めるのが恒例行事で、ある同僚は自分の鶏をナゲット、オレンジ、バッファローなどと名付けた。みんなチキンをつけるとアメリカで定番の鶏肉料理の名前になる。私は自分の鶏は食べなかったけれど、毎朝ベッドから起きると、まず窓から手を伸ばして採卵し、目玉焼きを食べて出勤した。

職場にはシフトがなく、1週間で40時間というノルマをこなすだけの完全自由出勤制だったから、日の出が早い夏は朝早く出勤し、冬は太陽で暖かくなるのを待ってのんびり出勤した。自由な職場で、仕事のストレスというものを感じたことは一度もなかった。

東京で生まれ育った私にとって、アメリカの田舎での生活は何もかもが新鮮で楽しかった。何よりも、いわゆる泥臭いブルーカラーな業界で働くことは、私にアメリカ社会で生きているんだという自信を持たせてくれた。

だけど、全ての終わりは突然やってきた。

「クビ」になったのだ。

海外就労につきもののビザ問題のせいだった。就労許可の延長手続きに必要な要件の一つとして、会社が全従業員の情報を政府に開示し不法移民が働いていないと証明する任意の制度に加入している必要があった。片田舎のしがない剥製工房はそれに加入していなかった。

どうしよう。

ビザの失効にあたり私を一番動揺させたのは、家や仕事を失うことではなかった。アメリカ人の彼氏ケビンとの恋の行方だ。私の人生初の一目ぼれに始まった関係は、ドライブ中に動物の死骸を見つけても拾って帰れるようデートには必ずビニール袋を用意し、冷凍庫を使わせてくれるまでになっていた。

ケビンと離ればなれにならない方法は、二つしかない。転職か、結婚だ。

もちろんまずは転職を考えた。けれど私は、日米でまともな就職活動にはこれまで一度も成功した試しがない。誰にも必要とされない人材なんだと突きつけられる痛みと孤独に、立ち向かう勇気を奪われた。そして、そんな意気地のない自分がどんどん嫌いになっていった。

本音を言うと、私は国際恋愛に若干のトラウマを抱えていた。

実は私の両親も、国際結婚をしている。父は日本人で、母はフィリピン人。若かりし頃、いろんな国を仕事をしながら旅して回った母の終着駅が日本だった。

「結婚した途端、もうどこにも行けなくなって、気がついたら世界から取り残されたようで、とってもさみしいの」

母が友人にそう漏らしていたと私が知ったのは、ガンで亡くなった後のことだった。

母は最期、祖国にいる実家の親や兄妹に会いたいと希望した。結婚以来一度も会えていないからだ。どのみち末期だったから長くは生きられないのだけど、一般的に日本より医療体制が乏しいとされるフィリピンへの帰国を、父はありとあらゆる手を使って反対した。

例えば、当時、我が家には母方の叔母が介護の手伝いに来ていて、母の里帰りの手助けをする恐れがあるからとナイフで刺そうとした。幸い、家は団地の2階なので咄嗟に窓から飛び降りた。私もすぐに家に戻り、荷物をまとめると、ずっとお世話になっていた訪問看護の看護師さんやケースワーカーさんも駆けつけてくれて、泣きながら見送ってくれた。母と叔母も当然、泣いていた。別れの時、父は家族でない人に見られているからなのか、すったもんだの大騒動から一転して気味が悪いくらい落ち着いていた。私も、来る時がついに来たという感想で、いまさら涙も出なかった。

母の薬はモルヒネなどの薬物を含むため、フィリピンに持ち出すには許可をもらわねばならず、私は麻薬取締局や関係医療機関に通うことになった。また、当時高校を卒業して2ヶ月足らずの私には、母と叔母と3人で帰国できるほどのお金がないので、いろんな人の助けを借りてお金を集めたりもした。その間、私たちは父が絶対に訪ねてこない遠方の知人宅に身を寄せた。

医者も「お母さんの容態ではたどり着けるかどうかわからないが、挑戦しないで後悔するよりは良い」と言った。母は奇跡的に帰国を叶え、しばらく実家で親や兄妹や近所の人に見守られて過ごし、息を引き取った。私はいつも母に付きっきりだったのに、その時は介護用品の買い出しをしていて、看取れなかった。

父は、母が日本を発った日が母の本当の命日なのだと主張した。母が人生の最期に過ごした大切な日々は、なかったことになっていた。そしてそれを手助けした私を殺人者だと断罪したので、絶縁した。私も母と一緒に死んだことにしてもらって、お互いに別々の人生を生き直す方がきっと幸せだ。

どこの家庭にも歪なところはある。私はその不完全さを受け入れられないまま、結婚は不幸の入り口だと信じるようになった。だから、誰かと真剣に交際するには、この人とだったら楽しく過ごせそうだという前向きな気持ちより、この人とだったら不幸になっても良いというむしろ破滅的な覚悟が必要だった。

結局、ケビンからは結婚について何一つ決定的な言葉はなかった。ただ、「幸せとは、他者に依存せず、自分の中に見つけないといけない」とたしなめられただけだった。

大切な恋の行方は曖昧なまま。

仕事はクビになり、住む場所も定まらない。

客観的に考えて「ホープレス」とも言えるこの状況で、私はまたも閃いてしまった。

そうだ、旅に出よう。

旅のためにいつ休暇を取ろうかという悩みは、無職者にはない。帰る場所がない無職だからこそできる本当の放浪生活の可能性に気が付いて、落ち込むどころかむしろラッキーじゃないかと興奮した。

私には、夢がある。世界5大陸をカヤックで旅するという夢だ。

大河は文明の発達の道しるべであり、絶対のロマンがある。

川下りには、旅した土地を特別なものにしてくれる魔法が詰まっている。

ミシシッピ川下りでは、観光旅行では訪れないような地域を訪ねて回り、ただ一つの町に住むだけでは知り得なかった北アメリカ大陸各地の深い文化的多様性に触れ、幸運にもアメリカを第二の故郷と思えるまでになった。と同時に、こんな疑問も生まれた。私はもともと海外の、それも日本語で言うとひとくくりの「欧米」に憧れていたけれど、「欧」と「米」って実はかなり違うんじゃないか。

川下りの果てに生まれた疑問は、新たな川下りで解決しよう。私はヨーロッパ大陸を貫くドナウ川を下ると決めた。

安直に、ただ名前の響きが良いという理由で選んだその川は、改めて地図で確認するとかなり壮大な川であることがわかった。

全長およそ2850キロ、源流のドイツを起点に通過する国々は、オーストリア、スロバキア、ハンガリー、クロアチア、セルビア、ブルガリア、モルドバ、ウクライナ、ルーマニア。これら10カ国を通って黒海に流れ着いた川の水は、南下してボスポラス海峡を通り、マルマラ海という小さな内海を経て地中海に繋がる。

地中海の入り口は、トルコだ。

その首都イスタンブールはボスポラス海峡を境に西側がヨーロッパ、東側がアジアと、一つの町に2つの大陸圏が跨る世界で唯一の場所ともいわれている。私は、西洋の文化圏アメリカを飛び出し、自分のルーツである東洋の文化圏をカヤックで目指すのだ。

もし、ボスポラス海峡で東洋と西洋をつなぐ橋の上に立ち、日本人の私とアメリカ人のケビンが手をつないだら、なんてロマンチックだろう。そんなことを妄想したりもしたけれど、実現する見込みの低いことを約束するのはやめておこうと合意した。

家も仕事も恋も結婚も、一旦みんな忘れて、川の流れに身を任せてみよう。そう決めた途端、心がスッと軽くなった。

私は仕事を捨てて旅に出るんじゃない。仕事に捨てられたんだ。でもおかげで、旅立ちの背中をポンと押してもらえた。

ドナウ川はなかなか流れない（ドイツ）

私がドイツ・ベルリンに降り立った２０２２年2月は、旅行するにはすごく不便な時期だった。世界的猛威を振るっていた新型コロナウイルスのせいだ。オミクロン株の大流行で、ワクチンを3回接種しないとバーやレストランはもちろん、ホテルやドミトリー式の安宿にも入れず、旅行者としてほとんど身動きが取れない。

私がアメリカで住んでいたのは保守的な地域で、周りでも打つ人と打たない人で二分していた。私も近所の大型スーパーで打てるのに、注射が大嫌いでずっと先延ばしにしていた。なぜ自ら出向いて痛い思いをしなければいけないのか、文句を言いながら2回の接種を終えた頃にはもう遅く、出国までに3回目を打てなかった。

幸い、当時ワクチン2回目と3回目の接種間隔には各国にバラツキがあった。アメリカでは間隔が足りなくて打てなかったけれど、ドイツではギリギリ打てることがわかった。

ドイツ国内に住所がない観光客も接種させてもらえるのか。仮にダメだとして私には打つ以外に選択肢がないから調べもしなかった。まずはコロナ規制の甘い民泊サービスにチェックイン。向かった最寄りの接種会場は、閉鎖された大きなスポーツスタジアム。係官に住所の証明について怪訝な顔をされるが、ここは世界中から移民が集まるベルリンだ。

「つい最近引っ越してきたんです！」

一言もドイツ語を発しないまま勢いで押し通し、ワクチンを接種。晴れてドイツでの自由を手に入れた。


ドナウ川の源流はドナウエッシンゲンという町にある。ブレク川とブリガッハ川という二つの源流河川が交わって名前をドナウ川に変えるのだ。私は当然、源流からカヤックを漕ぐつもりだった。ところが、よくよく調べてみると、なんとドナウ川はスタートしてすぐに干上がっているとわかった。

それはドナウシンクホールと呼ばれる区間。石ころだらけの川底の、そのまた地下深くには石灰岩が詰まっていて、細長い洞窟みたいな地下水路を張り巡らせている。ドナウ川の水は、その地下水路を通って下流に向かい、レーヌ川の支流にあたるアーハトップフでまた地表に出てくる。いわばドナウ川とレーヌ川を結ぶ地下の川だ。とにかく地上はほとんど干上がってしまうので、別名「水なき川」。

「そんなバカな!」と地域の管理団体に問い合わせるも、やはり今の水位ではカヤックは浮かべられないだろうという返事だった。仕方なく私は源流から直線で120キロ下流のウルムという町をスタート地点とした。

川は良い。プカプカ浮かんでユルユル漕ぐだけで、水の流れが下流の町まで運んでくれる――はずだった。

おかしい……。15分も漕いだ頃から、やけに流れが緩慢になった。

ついに川は行き止まりにぶち当たった。

それは水力発電所だった。川をせき止めてダムにしているのだ。一応は、船が通れるように水門が設けられているけれど、どうやって使うのかわからない。通行人が来るのを待って尋ねると、張り紙を読んで水門は故障中だと教えてくれた。一旦上陸して陸路で迂回するしかないけれど、岸にカヤックを引き上げるためのスロープがない。あるのは土手に張り付いた急な石段のみ。

私のカヤックはとにかく重い。行く当てのない引っ越し同然で、ほぼ全財産を積んだから荷物が多いのだ。カヤックはフォールディングカヤックと呼ばれる折り畳み式で全長5メートル30センチもありながら、重さは22キロと軽い。それでもパドルやその他の細かいカヤック道具に加えて、野宿のためのキャンプ道具と身の回り品、亡くなった母のちょっとした遺品と、大事な書類やパソコン、そして水と食料も合わせると、カヤックは総重量70キロくらい。これを担いで土手を登るのは、私のような〝普通の女〟には無理だ。

一旦荷物を出して石段に並べ、カヤックを軽くしてやっとの思いで土手の上まで引きずり上げた。それから小さな車輪が2つ付いた折り畳み式の小さなカヌーカートにカヤックを乗せて、ゴロゴロ引っ張って水門の向こうまで歩いた。

水力発電所は水の落差で発電するので、水門の前と後で川の高さが異なる。迂回路の先で川に戻るための石段は、さっきの3倍、4倍の長さだ。私は一段一段お尻をついて、カヤックを土手の斜面に滑らせるようにして降りて再び川に浮かんだ。

一連の迂回と荷物の積み直しの作業に2時間近くかかるのに、たった30分漕いだだけで次の水力発電所が現れたりしてゲンナリする。一日の目標は何キロ進むかではなく、いくつ水門を越えるかであり、もはやカヤックの旅というよりも荷運びの旅になってしまった。

越えた水門の数が10を過ぎたところで、地上部分に操作板を備えたものが現れた。自分で開け閉めできるセルフ式水門だ。やっとこれで迂回しないで済む、と思ったのもぬか喜びで、地上でボタンを操作する人と水上でボートを動かす人が必要なので、一人旅の私には使えない。トボトボ迂回路へ向かうと、なんと途中で道路工事のバリケードが張られて通行止めになっている。こんなところで立ち止まるわけにはいかない。私は、柵に隙間を作って勝手に通った。

旅の現実とはこうも厳しいものなのか。もう疲労困憊だ。テントを張るのも面倒くさい。畳三畳分くらいの木製の古い小さな船着き場がロープにつながれて浮かんでいるのを見つけたので、その上にヨガマットを敷いて寝袋にくるまった。枕元で、水が流れる音がする。朝になると、寝袋に霜が降りてパリパリに凍っていた。なのに不思議と全く寒くない。旅の始まり特有のこのカラ元気こそ、失敗のドツボにはまる予兆だった。

悲劇は、何の変哲もないちょっとした川の曲がり角で起こった。

町の景色を見ようと、少し方向転換するつもりでパドルを川に差し込んだ。何の気なしにやったそのひと漕ぎは、どうしたものか最悪の角度で入水。パドルが川の流れに捕まってカヤックの真下へ入り込み、あっけなく転覆。2リットルのペットボトルが一晩で完全に凍る、危険な寒さの冬のドナウに放り出されてしまった。

疲れて注意力が散漫になっていたんだと思う。それに、一日に何回も重い荷物を積んだり下ろしたりするうちに、「どうせまたすぐ水門だから」と雑になり、甲板にたくさん重いものを乗せて不安定なまま漕いでいたせいもある。

私は転覆したカヤックから脱出して、すぐに再乗艇を試みようとカヤックの入り口をつかみ、とんでもない異変に気が付いた。

カヤックの入り口の右半分がほぼ完全に水に沈んで、左半分だけかろうじて水面に出ている。

フォールディングカヤックは、船体の頭からお尻にかけて、左右それぞれチューブ状の浮袋が入っている。本来であれば、その浮袋が浮力を発揮して、左右対称に水に浮かぶはず。それが、不自然に斜めになっているということは、つまり、片方の浮袋がパンクしている……。

しかも両岸ともに切り立った崖のような地形のため、なかなか上陸できそうもない。川べりに飛び出した木の根っこを頼りになんとかカヤックを半分水から引き上げた。

よっこいしょ。私も立ちあがろうとして、今度は体がやけに重いことに気が付いた。魚屋さんみたいなゴムの胴長を穿いていたから、中が水で満たされてしまったのだ。これが原因で浮力を失い溺れる事故はたくさん報告されているけれど、幸い私はライフジャケットを着ていた。

四つん這いでなんとか這い上がり、その体勢のまま土下座をするように頭を下げ、足を高く上げて、胴長に溜まった水を出した。

それから手押しの水鉄砲みたいなポンプでカヤックの中の水を排水する。シュポシュポ、シュポシュポ。ポンプを動かす手を少し緩めた途端、寒さに襲われる。低体温症になりそうなところ、この日は無風で助かった。もともと脛《すね》くらいまで川に浸かっていたのが、いつのまにか膝上まで来ていた。上流で少し放水しているのだろうか。

流されそうになる寸前で、私は再びカヤックに飛び乗った。

夏のミシシッピ川ならこんな時、適当に服を木に引っ掛けておけば乾いたけれど、冬のドナウでは凍るばかりで不可能だ。私はコインランドリーを借りて、この旅で初めて相部屋ではないホテルに一泊した。

防水袋にしっかり入れていたはずのパソコンとカメラは、毎日開け閉めしているうちにだんだん閉じ方がいい加減になっていたのか水漏れしていた。

まずい。この旅を自作の写真集にまとめるのを目玉にクラウドファンディングまで立ち上げたのに、まさか早々にデータごとカメラを失うなんて。結局、この旅では2回デジカメを買い直すもいずれも故障。電子機器の買い替えで企画の採算がほとんど取れなくなるくらいカメラ運がないことを、この時の私はまだ知らない。

「The less you have, the happier you are(物は少なければ少ないほど幸せなのだ)」

出発前にケビンに言われた言葉だ。哲学的に聞こえるが、深い意味はなかったと思う。ただ単に、こういう旅では荷物は少ない方が良いという当たり前の警告で、反論の余地なく彼は全面的に正しかった。

とにかく、今後の安全のために浮袋を修理しないといけない。

自転車のパンク修理の要領で、一旦空気を入れ直して、バケツの代わりにドナウ川に沈めてみた。ミョヨヨヨーと間抜けな音を出して泡を吹いたのは、針の穴くらいの本当に小さな穴だった。

接着剤とガムテープで応急処置をして、パンパンに膨らませて一晩放置した翌朝、黒い浮袋は霜で真っ白になっていた。幸い空気は抜けていなかった。

不注意で招いた事故に落胆したのは私だけでなく、「ドナウの映像を収めて来い！」と撮影機材を貸与してくれた友人は、あれだけ激励してくれたのに、「もう、どうでもいいよ」とすっかり失望した様子だった。

私は、落ち込んで、落ち込んで、それからなんだか変に物への諦めがついた。仕事も家も失って、もうこれ以上失うことを恐れる必要はない。同僚からの餞別の品、中には買えば数万円する品と、それからスニーカー代わりに持ってきた登山靴など、かさばるものは公園のベンチの下に置いた。

カヤックを船着き場に停めて、しばらく離れる時などに置手紙として使おうと持ってきた携帯用ホワイトボードの最初で最後の出番は、「使ってください」という一言だった。

レーゲンスブルクの人間流しそうめん（ドイツ）

何で、よりによってこんな大変な旅を思いついてしまったのか。若干の後悔がよぎって心が暗くなっていく。奇遇にも、このドイツ南西部のドナウ川源流域は「黒い森」と呼ばれているらしい。

あまりに森が深いのが由来だが、冬は木の葉も落ち切って、天気は連日曇り空。確かに暗い。いや、色彩学上、真の黒は無彩色だから色ではないという解釈もある。冬のドナウ川はまさに色がない、冷たくて寂しい世界だった。

ここでは午前8時頃にようやく太陽が昇って、午後5時頃には真っ暗だ。明るい時間を目いっぱい使うと、1時間の昼休憩付きの8時間労働をしている一般の会社員と同じスケジュール。私は土、日関係なく漕ぐので、むしろそこら辺の会社員より働き者なのだと、無職なりの自尊心を保った。

ドナウ川の寒さは本物で、調理用のガス缶もなかなか着火しない。冷えすぎて、中の液体ガスが気化しないらしい。５分も漕ぐと指先の感覚がなくなるから、パドルを漕ぐための専用のミトンを用意したけれど、一度誤って濡らしてしまった翌朝は、氷をベリベリはがさないと手を入れられない。凍ると困るものは、まとめて防水袋に入れて寝袋の中に入れた。沸かしたお湯をペットボトルに入れて、カイロ代わりに抱えて寝た。でも寝袋が暖かければ暖かいほど、温度の差で結露した。日に日に寝袋を収納袋に入れるのがスムーズになったのは、慣れて上手くなったからではなく寝袋が湿って少しコンパクトになったからだった。

指はハンドクリームを塗ってもあかぎれだらけ。おまけに調理中に誤って指を切ってしまった。でも痛くないし血も出ない。手が冷え切っていたからだ。袋ラーメンを食べて体が温まったら急に痛み出した。

ドナウ川もある程度川幅が広くなってくると、川岸にカヌーのイラストが書かれた三角の標識が現れた。迂回路に上陸するためのスロープと東屋があって、人力車みたいな大きなタイヤが２つ付いた荷車が置いてある。カヤック旅で迂回する人のための共用の荷車だった。

先へ進むのは明日にして、今夜はこの東屋の下に泊まろう。支度をしていると、散歩中の女性が通りがかって、私がドイツ語を話せないと理解すると、英語が堪能な娘さんを連れてわざわざ戻ってきてくれた。お母さんはサビーナさんで、娘さんはベティーナさんと言うらしい。明日は雨が降るかもしれないから、家で休んでいきなさい、と言ってくれた。暗くて寒い、ほとんど人も出歩かない冬のドナウ川で、初めてまともに人と喋った。

私がこれまで寒さに耐えられたのは、出発前にご飯をたくさん食べて体脂肪を蓄えてきたからだ。1週間シャンプーをしなくても頭皮がかゆくならないのは、ドイツに来る2ヶ月前から計画的に普段のシャンプー頻度を減らし、頭皮が脂質を過剰に分泌しない体質にしてきたからだ。

最後に屋根と壁がある「家」という空間で過ごしたのは、いつだろう。温かいシャワーを浴びるのも、溶けたバターが乗ったトーストを紅茶とともに頬張るのも、本当に久しぶりだった。

二人は私に尋ねた。「Where do you live?」。私は日本人だけど、もう長いこと日本には住んでいない。頭に浮かぶのは、生まれ育った東京ではなく、元職場のコロラドと、友達がいるニューヨークと、それからケビンが住んでいるアリゾナ。私のアイデンティティは確かに日本なのに、こんな時、思い浮かぶのはアメリカのことばかり。不思議だ。もう住めない場所を家と思っているみたいじゃないか。

別れの朝、二人はお金を握らせてくれた。200ユーロ紙幣だった。一番大きいのは100ユーロ紙幣だと思っていたから、初めて見た。

「世の中、ちょっとのお金で解決できることはたくさんあるのよ。帰りの飛行機代の足しにしてね」

本当にありがとう。でも私は旅を終えてどこへ帰れば良いのか、わからないでいた。

中世の街並みを残す古都レーゲンスブルグの水門で、巨大な〝流しそうめん機〟を見た。長い滑り台の底に丸い砂利が敷かれて、水がジャージャー流れている。幅は、ちょうどカヤックが一艇通れるくらいだ。まさか、これを滑って水門を越えるのか。

入り口に浮かぶと、出口が見えない。カヤックという乗り物は目線が低く、カヤックの先端が邪魔をして、滑り台の下が見えないのだ。

えいや、と真っすぐ進入すると、カヤックが下方向に傾いて、やっと出口が見えた。どんどん加速していく。思ったよりも速い。一度乗ったら止まらない。そのままスポーンと川に放り出された。面白かった。まさか、水門が楽しいと思える日が来るなんて。

私は、飲んでバカみたいに笑いたい気分だった。

すぐに土手に上陸して、捨てられたボロボロの子供用スクーターを見つけた。私はそれに乗って、石畳をガラガラ鳴らしながら酒屋を目指して町を走った。

ドイツはビールが安い。スーパーに行けば大きな缶ビールが1ユーロ。レストランに行くと、高校生くらいの子たちがジョッキを持っている。この国では16歳からビールが飲める。

そういえば、バイエルン地方のソーセージは衝撃的においしかった。パッパッにお肉が詰まった極太の白いソーセージが陶器のポットの中で茹だっている。皿の上で切ろうとすると、肉の弾力でプリンプリン転がるので、しっかりとフォークで押さえなければいけない。

キャンプの鍋で茹でても、ドイツのソーセージは皮が厚いので肉汁が漏れることがなく、甘口のマスタードをたっぷりつけて食べれば、お店と同じ味がした。

カレーブルストも美味しかった。これはカレーソースで煮込んだソーセージで、インスタント食品コーナーに専用調味料が並んでいる。ヨーロッパでは貴重なエスニックな味付けが病みつきになり、万能調味料みたいに野菜スープに混ぜたりもした。主食はドイツの黒いライ麦パン。値札シールが直接パンに張られて山積みになって売られている。

旅の暮らしに小さな楽しみを見つけられるようになった2022年2月25日の朝、まさに寝耳に水という知らせが飛び込んできた。

昨日、ロシアがウクライナに軍事侵攻したらしい。

旅の途中で、とんでもないことが起きてしまった。

パッサウとドナウの旅人

ウクライナはその国境をドナウ川の下流域に接しているが、ロシアの軍事侵攻の知らせを受けた日、私はまだずっと遠いドイツとオーストリアの国境にあるパッサウにいた。オフシーズンで使われていない豪華クルーズ船の船着き場のベンチに寝袋を広げて、普段お金持ちが見るのと同じ対岸のキレイな夜景を楽しんだ。私がそんな呑気に過ごしているなんて知らず、周りの反応は様々だった。

早々に帰国するべきだという友人もいれば、世界の平和が壊れてしまったと涙する友人もいた。ケビンは、こうなると世界で一番安全なのはきっと南米だから、もう切り上げてアマゾン川を下ったらどうかと言い出した。

もちろん、生きるか死ぬかの人たちがいる中で、私の旅の続きがどうなるかというのは小さい問題だ。私は周りからの心配と干渉を恐れて、曖昧に答えを返すしかなかった。

『ドナウの旅人』という小説に、パッサウの町が出てくる。この小説の主人公の女性は、家出をした母親を追いかけてドナウ川まで来てしまう。偶然だけど、私も母の影を追いかけてヨーロッパへ来た節がある。

母が日本に嫁ぐことを決めたのは、次の就労先のヨーロッパへ引っ越しが決まる直前で、母はその後ついにヨーロッパを訪れることなくこの世を去った。

母が見られなかったヨーロッパを私が見るんだ、なんてのは大げさかもしれない。でも、これからどうするか答えは決まっていた。旅は、続ける。

ドナウ川とイン川が合流するほとりで、対岸のオーストリアの様子をうかがってみると、パッサウは確かに国境にありながら、しかし国境を境に激変するものは何もなく、言葉も人種も自然の森もただ同じ景色がつながっていた。

カヤックによる人生初めての国境越えもあっけなく、パスポートチェックなしで自由に通過することができた。これは両国がシェンゲン協定を結んでいて、加盟国内の出入国に関して審査を行わないためだった。

やっぱり国境なんて人間が勝手に引いた線なんだ。

それなのに誰かが勝手に定めた領土を巡って人が殺し合っている。この頃はニュースを見れば、ウクライナでは18歳以上の成人男性全員に銃が配られるらしいなど、物騒な報道も多かった。

ドナウ川下流の4カ国、スロバキア、ハンガリー、ルーマニア、モルドバは、国境をウクライナと接している。ここにさらにブルガリアを加えると、ドナウ川10カ国中6カ国が、旧ソ連を構成していた一部もしくはワルシャワ条約で軍事同盟を結んでいた国々だ。考えているうちに私は確かめてみたくなった。今回の軍事侵攻を受けて、西欧から東欧にかけて各国の人々の反応はどう変化していくんだろう。このタイミングでドナウ川を下ることでしか得られない発見があるんじゃないか。やっぱり行けるところまでは行ってみたい。

川下りの旅の面白さは、肉体的にストイックな挑戦ではなく、川の流れに導かれながら、たくさんの人や文化と出会い進んでいく点にある。

例えば、ミシシッピ川でお世話になったのは「リバーエンジェル」。カヤックの旅人を応援してくれる地元の人を指す言葉。いかにもアメリカンで超人的なアウトドア遍歴を持つ仙人みたいな人もいれば、初めてカヤックの旅人を見たという人もいる。ご飯やお酒をご馳走してくれたり、観光案内をしてくれたり、キャンプ場について尋ねるとみんな家に泊まるように勧めてくれた。

リバーエンジェルは個人の支援だったけれど、ドナウ川の場合は「カヤッククラブ」という団体がその役割を担っている。カヤック文化が浸透しているヨーロッパでは、カヤックを競技として、あるいは週末の趣味として楽しむ人たちが拠点としているクラブが点在している。普段ドナウ川を漕いでいるメンバーたちだから、私のような旅人がひょっこり現れても、驚くというより羨ましそうな顔をして、慣れた様子でいろいろ世話を焼いてくれる。

まず、クラブにはカヤックを保管する大きな倉庫があって、母屋にはトレーニング設備やシャワーがある。カヤックを洗ったり干したりするための広い庭は、カヤック旅はもちろん自転車旅の人がキャンプ場として利用することもある。カヤッククラブでは基本的に泊まるのは屋外だ。といっても、さすがに冬にテントを張りたがる人は、まずいない。ところが、高層マンションが立ち並ぶオーストリア第三の都市リンツのカヤッククラブで、珍しく誰かのテントがあった。

声を掛けても返事がなく、次の日になってもやっぱりそのままだったから、おかしいと思って母屋へ行くと暖かい会議室で寝袋を広げる旅人の姿があった。

「まさか、冬にドナウ川を旅する人がいるなんて!!」

そう声を上げた白髭のおじさんは名前をハインツさんと名乗り、こう続けた。

「冬にわざわざドナウ川を旅する人なんていないから、自分が今年の一番乗りに違いないと思っていたんだ。なのに、上流のカヤッククラブで、僕より先に漕いでる人がいると聞かされてね。水門の迂回路に誰かのカヤックカートの車輪の跡があったから、まさかとは思ったけれど……」

そう早口でまくし立て、ひと呼吸置き、ポカンと口を開けて「インディード(確かに)」とつぶやいた。

なぜ彼は、わざわざ冬に漕ごうと思ったのか。答えはシンプルだ。彼は、とにかく蚊に刺されたくなかった。夏のドナウは蚊がすごいらしい。冬の野宿なら害虫の心配はない。

「冬のドナウ川に浮かぶ変人は、君だけじゃないってことさ」

ガハハと笑うハインツさんだが、私はたまたま仕事を失ってそのまま旅を始めたら冬に当たっただけで、選べるなら春にしたと思う。

彼はセルビア付近までドナウを下ったら、今度は車にカヤックを積んでヨーロッパのあちこちの湖や川を漕いだ後、地中海を海岸線沿いに気ままにツーリングする予定らしい。

せっかくだから私たちはしばらく一緒に漕ぐことにした。

テントとカヤック、一見すると似たような旅をしている私たちは、一緒に旅をしてみると野宿スタイルに決定的な違いがあることがわかった。

私は、少ない床面積で建てられる1・5人用のテントを活用していろんなところで寝泊まりしてきた。トイレは林の中。冬のドナウの朝は土が凍ってしまうので、用を足すための穴を寝る前にあらかじめ掘って準備する生活だ。

一方ハインツさんは最近定年して手に入れた退職金があって、食事は基本的に外食のため、キャンプ地は町へのアクセスが良い有料キャンプ場を優先的に使う。そして、そういうところには、ちゃんとトイレがあった。

私が提案する野宿場所はことごとく「そこに寝たらトイレはどうするの」と却下されるから、つけていた日記には「ハインツさんはトイレの心配ばかりしている」、「野宿の旅でトイレの心配をするなんて」といった文句が続いている。その反面、彼のおかげで私の生活水準も随分改善されたのは事実であり、本当に感謝している。

ドナウ川を旅するのは伝統的にドイツ人が多く、インターネットに転がっている情報もほとんどドイツ語だ。ハインツさんはそういう私が知らない情報を駆使してスマートに旅を進めていた。

ドナウ川では毎年「ＴＩＤ」というイベントが開かれているらしい。これはツアー・インターナショナル・ドナウの略で、ドイツから黒海まで約３ヶ月の旅程でカヤックを漕ぐもの。この日程表をなぞれば、キャンプ地や水門の迂回路の確保に困る心配はない。

それからハインツさんは、イタズラをする子供みたいにニヤリと笑ってこう言った。

「いいかい。この辺りの水門は、表向きにはボートしか通行できないことになっている。そのためにカヌーの交通標識と、迂回用のスロープが作られた。だけど本当は、カヤックでも水門を通れる裏技があるんだ。偶然発見した裏技さ」

ちなみに水門はドイツ語でシュロイゼだ。ダンケシェン(ありがとう)、ブルスト(ソーセージ)に次いで私のドイツ語に3つ目の語彙が追加された。

ハインツさんが言うには、たまたま珍しく水門の入り口が開いていた日があったらしい。それで、荷物を積んだ重たいカヤックを陸に上げて迂回するのはしんどいから、なんとか自分も水門を利用できないか管理棟の電話番号を調べて交渉したら、後からやってくる大型船と一緒なら通っても良いという話になったという。

水門の仕組みは簡単だ。川をせき止めている分厚い壁の上流側と下流側にそれぞれ扉がある。船が来たら、まず入り口の扉を開いて、扉と扉の間の大きなプールみたいな空間に船を入れる。それから両方の扉を閉めて、上流から下流へ向かう場合はプールを排水して水位を下流側に合わせ、反対に下流から上流に向かう場合は注水して水位を上流側に合わせる。水位の調節が終わったら、出口の扉が開いて、通行完了だ。

一連の作業にはそれなりの電気代と作業時間を要するため、手漕ぎボート１人のために開閉することはほとんどない。しかし稀に、他の船のついでなら特別に水門を通過させてもらえることがあるそうだ。

私もハインツさんと一緒に試してみることにした。

初めての水門は、なかなかおっかなかった。

コンクリートの壁に囲まれたプールは、生命の気配が消えてしまったように無機質だった。こんな空間に、自分より圧倒的に大きい艀《はしけ》と一緒に浮かぶと、急にカヤックが無防備な乗り物に思えてきて怖い。まるで巨大な棺桶だ。

不安と緊張をあおるように、雪まで降ってきた。まつ毛に雪が積もって重たいけれど、水門の中では手すりにつかまってじっとしていないといけない。プールの水位が下がるにつれて、私たちを囲む壁もどんどん高くなっていく。灰色の空が遠くに霞むようだった。

ギューン……。ギョーン……。キィーッ……。

にぶい金属音が沈黙を破った。観音開きの出口の向こうから少しずつ光が伸びてくる。扉が開くというただそれだけのことに、これだけ興奮したことがあっただろうか。これまでの水門越えの苦労の日々に、ようやく終止符が打たれた。

カヤッククラブの誰かが言った。

「いいかい、ドナウ川で一番景色が美しい場所といえば、ヴァッハウ渓谷さ。僕も毎年家族で夏休みを過ごすんだ」

しかも世界遺産らしい。ワインの名産地としても有名で、山の斜面を埋め尽くさんばかりのブドウ畑がおよそ35キロも続くという。オーストリアのドナウ川沿いは平坦な地形が続くため、段々畑の緑の間に中世の古城や教会が見えるのは珍しく、とても美しいという評判だった。

残念ながら冬に行っても、枯れ切ったブドウ畑が寂しく映るばかりだ。でもそんな中、ディズニー映画の城と見まごう圧倒的な存在感を誇る黄金の建物が、小高い丘の上から渓谷を見下ろしていた。メルク修道院だ。

11世紀に貴族の城がカトリックの修道院に改修されたもので、中は迷子になりそうなくらい広い。やっとたどり着いた礼拝堂は、床も、壁も、天井も、絵画や彫刻で隙間なく装飾されている。バロック建築の典型で、そのルーツをたどると、宗教改革でカトリックとルター派が敵対した際、信者の心を繋ぎ止めるためにより派手で複雑な造りへ発展したという背景があるらしい。

風が吹いて、吹き抜けの天井がゴーッ……と轟いた。電球がなかった当時は天井からたくさんロウソクを吊り下げていたというから、さぞ薄暗かっただろう。

中世ヨーロッパの絵画が光の表現に優れているのは、きっとあちこち薄暗かったせいだと思う。木漏れ日が光って見えるのは木陰が暗いからであるのと同じで、暗い室内を灯すわずかな光はコントラストを生み、立体感を際立たせ、全ての装飾が輝いて見えた。

カトリックの教えは、よく働き、よく祈ること。質素にあくせく働いて、初めてこの礼拝堂に足を踏み入れたら、あまりの迫力にみんな天国の存在を信じるはずだ。こんなもの、本当に人間の手で作れるのか。いや、あの世には、これよりもっとすごい世界が待っているに違いない、と。まるで外界から遮断されたようなこの異質な空間を実現した超絶技巧は、宗教社会の競争の賜物だった。

一方、最近は宗教観の変化から、教会を脱会する人もいる。

ハインツさんもその一人だ。10分の1税といって収入の10％を教会の維持費として納める中世の風習が、現代でも西ヨーロッパの教会の一部で暗黙の了解として残っていることに嫌気がさしたらしい。

「僕は教会という団体を信仰しているんじゃない。神様を信じているんだ」

祈りをささげる彼のその言葉は真っすぐだった。

私たちは二人でいろんな話をした。ハインツさんは、旅人としての大先輩で、今よりずっと海外旅行へのハードルが高かったその昔、バックパッカーとして各国を旅していた。彼が来日した1970年代の終わりは、中国が外国の一般観光客の受け入れをやっと開始した頃だった。日本でも白人はまだかなり珍しく、京都などの観光地へ行くと遠足の小学生がみんな手を振ってくれてサインを求めたらしい。特に英語の先生は実際に外国人と話したことがないので、彼との会話を切り上げようとせず、ひたすらカタコトで話し続けた。

少子化の現代と違って、当時の小学校は一学年の人数が多く、一人ひとりに手を振り返すとキリがなかった。そこで、列になって歩く小学生の最後尾とすれ違う頃にクルリと後ろを向いて一度だけ両手で大きく手を振るようにしたらしい。ほとんどの児童はすれ違ったあとも好奇心からキョロキョロ後ろを振り返りながら歩いていたので、彼の仕草を見届けるとドッと盛り上がったという。

アジアを振り返って、彼は印象に残る国を3つ挙げた。一番キレイな国は日本で、一番賢いのは香港、そして一番人が良いのはフィリピンだったと。

「そりゃたまに観光客のお金目当てのやつもいるよ。けれど、フィリピンの人は基本的に、みんな何も持っていないのに笑顔なんだ。それに比べて我々ドイツ人は、生活に必要なものはほとんど持ってるはずなのに、なかなか笑顔が見られない。お金がないのはだらしない人だと距離を置かれ、お金があったらあったでそれを必死に守らないといけない。人は貧乏な方が心配事が少なくて幸せなのかもしれないね」

私の母方の親戚たちを訪ねた時のことを思い出してみる。フィリピンの首都・マニラの親戚の家の屋根はトタンで、たまに台風で吹き飛ぶ。窓はあるけど、窓ガラスが付いたことは一度もなく、壁にただ四角い穴が開いている。でもこの家に住んでいる人は労働要員なので、地方都市ダバオに住むその他大勢の親戚より稼ぎは良い。

ダバオの家はシロアリだらけの木造で、サッカーチームくらいの人数が暮らしていた。毎日大量に洗濯物が出るのに、主戦力は洗濯板。ガスは高いので、外にかまど。貧乏暮しは手間がかかる。だから、おばあちゃんの面倒を見る人、子供の面倒を見る人、家事をする人、そして外で働いてお金を稼いでくる人、と役割分担をして暮らしていた。こうなると、稼いだお金は自分一人のものではなく、家族のお金という認識になる。ここでは良いことも悪いことも、自分一人のものではなく、家族全員で共有するものだった。

家族というゆるぎない他者との繋がりは、人として潜在的に抱えている所属の欲求を満たし、その家族のために働くことが自尊心に繋がる。悪く言えば共同体に依存しているとも言える暮らしだが、そうやって育まれる幸せというものを身近に感じられたのは、尊い経験だった。

ハインツさんは、よくよく聞くと変な男だった。何度か妻を迎えているが、これだけ離婚が慢性化した現代ではなぜ離婚したかよりも、どう離婚したかが大切なのだと言い、ある一つの結論に達した。

「Relationship is democracy（伴侶との関係は常に民主制でなければいけない）」

つまり両者の意見は50対50ではなく少なくとも49対51じゃないと何も進まないので、そういった歩み寄りをお互いに上手に行うのが肝心らしい。

この旅行は私の短絡的な思いつきと現実逃避に始まった。ケビンを置いてドナウ川に来たことは何の歩み寄りでもなく、私たちの関係を前には進めていなかった。

「大丈夫、距離が絆を強くするんだよ」。そう励ましてくれるハインツさんは、思春期を迎えた子供たちから距離を置くことで改めて父としての自分の存在を認識して欲しいという願いもあって、カヤック旅を決行したらしい。でも、まだ家族でも何でもないケビンと私にそれが当てはまるのだろうか。

寂しい者同士、レストランで夕食をつまんで語り合った。

「僕はスープに目がなくてね、この地域ではレバーが有名なんだ」

透き通ったコンソメスープに浮かぶ肉団子は、丁寧に裏ごししたみたいな上品な口当たりだった。

「やっぱり食事にはデザートがないと。パラチンケを食べるべきだよ」

もっちりしたクレープ生地に、爽やかな香りのアプリコットジャムがあふれんばかり包まれていた。

彼が勧めるものは何でも美味しかった。けれど、これが毎日続くと出費が痛い。豚肉のソテーと目玉焼きとマッシュポテト、そこに小さなスープと水代わりにアップルサイダーを頼んで23ユーロ。有料のキャンプ場は安いところで一泊10ユーロ。毎日続けるのは財布がもたない。

退職金がある彼の旅に、ただの無職の私はついていけず、6日間一緒に過ごしたが別れを決意した。

レーゲンスブルグにある流しそうめんスタイルのカヤック専門水門

ハインツさんと一緒に通った本格的な船舶用の水門

ウィーンで貧乏を考える(オーストリア)

ウィーンで預金残高を確認した。２７００ドル。無職だから減る一方だ。このお金で最後までもつだろうか。私の旅は思うように進んでいなかった。10カ国通るうちのまだ2カ国しか漕いでいないのに、もう出発から1ヶ月が経っている。ドナウ川下りの旅の相場は3ヶ月程度と言われていて、しかも流れが速いはずの上流でこれだけもたついているのは、かなり遅い。

どうせ物事計画通りになんていかないんだから、初めからいっそ無計画な方が良いじゃないか。開き直って寄り道を楽しむことにした。

もっとも、30万円ポッチの残高でいつ終わるとも知れぬ海外旅行を続けるのは、ヨーロッパ各地で必要な通貨をあらかじめ両替して現金で持ってきているというのもあるし、何よりも野宿の川下りでは宿泊費も交通費もかからない。働き盛りの20代でありながら情けないことに私はすっかり勤労意欲を失っていた。

海外体験を通じて変化した価値観はたくさんある。味覚もその一つだ。私は今まで、日本のコンビニスイーツに勝るスイーツはないと信じていた。アメリカのドーナッツは油っぽいし、ケーキは甘すぎる。それに比べて日本のコンビニスイーツは優しい甘さでフワッと軽い。だけどオーストリアのスイーツは、目が覚めるような美味しさだった。牛乳の香りが立っていて抜群に美味しい。

特にチョコレートケーキとウィーンの結びつきは強く、ザッハトルテの発祥の地とされているホテル・ザッハーのカフェは連日観光客で長蛇の列。やや強気の値段設定で私の足は向かなかったけれど、心に残る美味しいケーキはもっと普通のお店に隠れていたりする。

それは、空席が目立つひっそりとしたカフェで食べたドライフルーツ入りのチョコケーキ。生地は軽くてフワフワだけど、アーモンドパウダーが練りこまれていて香ばしい。ちょこんと乗っかったバニラ風味のホイップクリームは、ほとんど甘くない。でも仕上げにかけられたチョコソースはガツンと甘い。それぞれの味と香りの組み合わせに、上質なスイーツを食べているという満足感があった。もし、毎日こういうケーキが食べられたらどんなに幸せだろう。ヨーロッパに住みたくなってきた。

一方でヨーロッパの観光地はお金がないと何もできないのも事実だった。参加費有料のキリスト教のミサがあるのにも驚いた。それはあの有名なウィーン少年合唱団が歌う日曜朝のミサで、当日券は6000円くらいした。一応は教会のミサだから、合唱団が讃美歌を歌うのはミサの進行の合間のほんの少しの時間だけ。どんなに世界遺産級に有名な教会だって、ほとんどはマナーさえ守れば信者は参加費無料でミサに出入り自由なのに。腹立たしいよりも、せっかくウィーンに来たのにそれっぽっちもポンと払えない自分の財布にガッカリした。

私は、ウィーンに来る少し前に起こった、とある大聖堂での出来事を思い出していた。

キリスト教の教会では、小銭でロウソクを買って灯して、心の中で願いや祈りを唱えることがある。これは神社にお賽銭をささげる感覚に近い。

生前の母は敬虔なクリスチャンで、一緒に教会へ行くとロウソクを灯していた。

外国に嫁いでから会えなくなってしまった実家の両親のことを、いつも祈っていた。だから私も旅の途中で教会を見つける度に、母を想ってロウソクを灯した。

母は末期ガンで余命1年を宣告されてから3年生きた。母の闘病について、私は後悔していることがたくさんある。

まず、過労で体調がおかしいと気が付いていながら、早く病院で診てもらうように勧めなかったこと。いや、一度は勧めた。けれど、忙しいからそんな時間ない、という母に、若干反抗期でもあった私は、もう知らない、と呟いて、それ以上何も言わなかった。母が余命宣告を受けたのは、その少し後だった。

「私、死ぬみたい」

病院の検査から帰ったその日、母は泣いていた。それでも母は、ギリギリまで今まで通り働いて、家事をして、そして当時持病があった父の介抱を続けた。私は、満足な手伝いもせず普通の顔で高校に通い続けた。バラが好きだった母の病室に、七色に着色された珍しいレインボーローズを買って持って行ったことがある。母はもちろん喜んだが、本当は、もっと違うことができたんじゃないか。この後悔は口にするのも恐ろしく、誰かに面と向かって懺悔できない。罪悪感は他にも挙げればキリがない。もう終わったはずなのに、こうして書き起こしていると涙が出てくる。私は、お酒を飲みながら文章を書くことが多いから、この涙はお酒のせいなのかもしれない。

あの日も私は、教会でロウソクの前に立ち黙祷していた。すると横から突然、母子に声を掛けられた。何語かわからない。目をつぶり黙祷している人に話しかけるくらいだから何か大事な話かもしれない。私は英語しか話せないと断るが、それでも話しかけ続けてきた。人もまばらな教会の角で、別の参拝客に「あの、この人なんて言ってるんですか?」と助けを求めるが、不思議な顔をして私たちを見比べるだけで通り過ぎてしまった。

さて、困った。この人は一体、何を言おうとしているんだろう。彼女は何か単語を繰り返して、子供を指さし、手をお腹に添えた。何分かそれが続いて、私はようやく理解した。いわゆるこれは、物乞いというやつだ。子供がお腹を空かせているので、何か食べさせたいと言っているのだ。

教会の中で物乞いを見たのは初めてだった。と、いうよりも、日本でもアメリカでも自分から歩いてきて声を掛けてくる物乞いには遭遇したことがない。私も外国でお金がなくて言葉が満足に通じない苦労はよくわかるから、懇願し続ける彼女が気の毒で、その時ポッケにあった20ユーロ札を渡した。

しかしそれでも彼女は立ち退かず、また同じように、空腹のジェスチャーを繰り返した。

「もう、持ってないんだ」

身振り手振りで伝えると、彼女はダンケシェンと言うでもなく、ただ無表情にどこかへ消えてしまった。

それから2人目がやって来るまではすぐだった。私は財布に残った小銭を全て渡した。やはり同様にダンケシェンと言うでもなく、間違ってユーロ硬貨に混じってしまった1枚の米ドル硬貨をぶっきらぼうに突き返された。しばらくして、教会関係者が見回りに来ると、彼女たちは退散していった。

無職の私にとっては大きい20ユーロという金額が、彼女たち母子にとっては何の助けにもならないんだということが空しかった。きっとこういう時、100ユーロを気前よく渡す人もいるんだろう。だから彼女たちは教会に来ている。それができない自分が、情けなかった。

だけど本当に悲しかったのは、彼女たちの存在を、教会は知っていて、無視しているんだという事実。キレイなステンドグラスに囲まれた立派な教会を何百年も維持し続けるだけの権力と財力がありながら、教会は困っている母子の一組や二組も救えない。

ヨーロッパでは近年、難民の流入などを受け、行政の生活支援が手厚くなっているとか。確かに彼女たちは一見すると町に溶け込んだ清潔感のある普通の格好をしていた。だから、まさか物乞いだとも思わなかった。

対して私は、足元を見れば裏起毛の靴下と1ユーロショップで買ったペラペラのゴム製の便所サンダル。真冬に外でこんなものを履くのはおかしいが、濡れてもゴムだからすぐに乾くし、便所サンダルは脱ぎ履きしやすくて最高だ。見方によっては、野宿の私の方がある意味みすぼらしいかもしれない。

私は、唐突に、当たり前だけど残酷な真実に気が付いた。

仮にどれだけ助けの手を差し伸べてくれる人がいても、誰も自分の代わりに人生を生きてはくれないんだ――。

カヤック旅に戻ろう。ウィーンで作曲されたウィンナーワルツの代表に「美しく青きドナウ」という曲がある。のびやかで、軽やかで、踊りたくなる一曲だけど、カヤックの目線から見たウィーンのドナウ川は、全く青くない。特に3月のウィーンは美しいよりも手ごわい。風が強いせいだ。

横風の影響を軽減するために、カヤックにラダーを取り付けた。足もとのペダルと連動する舵のようなもので右を踏めば右へ進路が傾き、左を踏めば左に進める。設置位置の関係で、カヤックを持ち上げるのに便利な取っ手がなくなってしまうが、ウィーン以降はもう水門で無茶な荷揚げを強要されそうにないので、取り付けることにした。なぜもっと早く取り付けなかったのか後悔するくらい、楽に進めるようになった。

ウィーン。ハイソでオシャレな響きのその町に、野宿のつもりでやって来る旅行者はそうはいない。川沿いには星付きのホテルもある。そういう一流ホテルでは、ベルボーイに車の鍵を預けて駐車場に入れてもらう「バレーサービス」なるものがあるらしい。もし予約してカヤックで乗りつけたら、ベルボーイはカヤックを運んでくれるだろうか。誰か私の代わりに検証してきてほしい。

私はいつものようにカヤッククラブを見つけて、テントを張らせてもらった。夜はウィーンの夜景を独り占めだ。

川を下って旅をする利点は、一本道だから迷わないで済むところ。だけど実はドナウ川はウィーンで4本に枝分かれしている。北から順に、オールドドナウ、ニユードナウ、ドナウ本流、ドナウカナルだ。

昔はもっと複雑に何重にも枝分かれしていたらしい。大河そのものが生き物みたいに、放っておくと水の流れで土砂を運び川の形を変えてしまう。ウィーンに物資を運び入れる大切なインフラだったドナウ川の本流は、16世紀半ば頃には町の中心部から離れた位置に推移してしまい、たびたび氾濫しては町を破壊した。対策として、複数本のドナウ川を一本の太いドナウに合体させる工事が19世紀終わり頃に行われ、オールドドナウが切り離されて湖になった。それでも20世紀後半に再び大規模な洪水が起こると、冠水してしまった一帯を大胆に掘り起こして21キロにも及ぶ人工の中州が作られた。現在のドナウ川本流と平行に流れるニュードナウを隔てる中州だ。ドナウ川に洪水の危機が起こると、水門を調整してウィーンへ向かう水量をニュードナウに逸らし、市街地の被害を防ぐ働きがある。

カヤッククラブは、ドナウ川本流からドナウカナルが分岐する中州にあった。ウィーン市街地を貫く細い水路で、多くの船が行き来していた時代もあったそうだが、今はほとんど船は通らない。のんびりカヤックを漕ぐのにピッタリだ。

川っぺりに足を放り出してスマホをいじるティーンエイジャー。ベンチに腰掛ける老夫婦。アコーディオンを弾いて小銭を集めるお兄さん。みんな、まさか誰かが川から覗いているなんて思わないから、私に気が付く人もほとんどいない。まるで自分が、川の一部になった気分だ。ドナウカナルから見上げるウィーンには、気取らない日常が流れていた。

落書きに埋め尽くされた遊歩道の壁を見て、リニューアル前の渋谷・宮下公園を思い出す。落書きだって、見慣れたのが急に消えてしまうと寂しいものがある。私は、何がキレイで、何が汚いのか、よくわかっていないのかもしれない。

川下りの旅は、人を選ぶ遊びだと思う。スピード感がないから若者にウケないし、貧乏旅行の生活水準に大抵の大人は耐えられない。それに、人は川下りというと澄んだ川を求めるが、私が好きな川のニオイは、人の暮らしのニオイだ。都市部を流れる川こそ、大昔も現在も変わらず人々の生活の中にある。ちょっぴり汚く思われがちなそういう川の方が、私はそそられたりもする。

節約料理は調味料から

寒い時期のキャンプ生活は、冷蔵庫なしでも肉も野菜も腐らないから楽ちん。ただし、炒め系は鍋に焦げ付くと掃除が面倒だ。毎日似たような具材をスープみたいに煮て、米かパスタを投入するだけのずぼら飯。時間がない時は、やや酸味のある黒いライ麦パンと食べる。とりあえず顆粒出汁かコンソメを入れれば美味しいが、つい、スーパーで味変アイテムに手が伸びる。

成功も失敗もあった味変アイテム

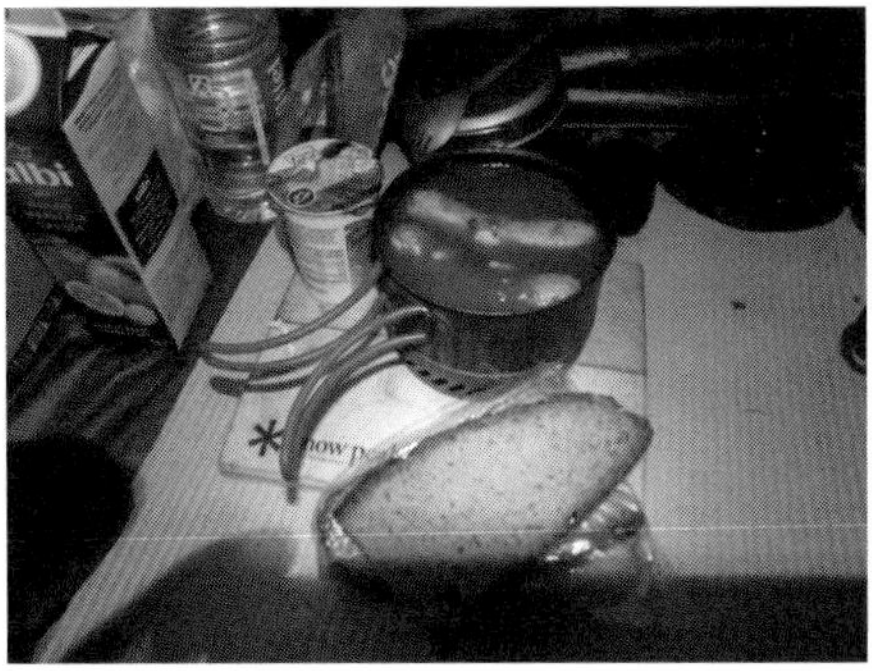

キャンプ飯はだいたいこんな感じです

カレーブルストの粉末調味料が美味しかったので、同じシリーズのカルボナーラスパゲティの素を買ってみたら、全く美味しくなかった。バター、牛乳、チーズを加えないといけないらしい。

歯磨き粉みたいなチューブに入った調味料を買ってみた。中身は白いからマヨネーズだろう。サンドイッチにたっぷり入れたら、鼻がツーン！なんと西洋ワサビ味のマヨネーズだった。

やっぱりパンに塗るならチョコ風味のスプレッドが一番だ。でも、冬の野宿は寒すぎて、チョコが瓶の中でカチコチに固まって、全然パンに塗れない。トホホ……。はやく春が来ないかな……。

初めてなのに懐かしい町（スロバキア）

私はかなり、臭いらしい。コバエが頭にたかって、たまに顔に激突して鬱陶しい。そろそろ春が近づいて植物も緑を取り戻し、虫が飛び始める時期ではあるけれど、私が臭いのは間違いない。

三角屋根のヨーロッパらしい町並みから一変して、少しも凹凸がないのっぺりした四角いコンクリートの建物が川岸に並ぶようになった。それは近代的に思えて、変に殺風景で温かみがない。いわゆる、ソビエトスタイルと呼ばれる建築だ。旧ソ連の占領下では社会主義国家だったスロバキアの首都、ブラチスラバ到着の目印だ。

この町にもいくつかカヤッククラブがあって、私にはどうしても発音できない名前のクラブにお世話になった。実はここを紹介してくれた人も「三つ目の橋の下にある」としか言わなかったので、やっぱり発音できなかったのかもしれない。

「ハロー、ハロー？　誰かいるかな？」

声を掛けてくれたそのおじいさんは、テントから私が頭を出すとギョッと目を丸くした。

「テントとカヤックが並んでいたら、中にいるのはドイツ人のおっさんって決まってるようなものなのに。まさか小柄なアジア人女性が出てくるなんて」

大げさに驚いたその人物こそ、このクラブのリーダーだった。曰く、ここはブラチスラバ最古のクラブで、１９３０年頃にはメンバーの青年３人が帆船を手作りして黒海まで到達するなど、ドナウ川下りの旅に関しても由緒あるクラブらしい。今でもよくドナウ川下りの旅人を泊めているが、私みたいに女性が一人でドナウを旅するのは珍しく、しかも日本人となると見たことがないという。

朝ごはんに、甘くてザラザラしたケシの実が練りこまれた菓子パンをもらった。パンはカヤックの荷物と一緒に積むと一瞬でペチャンコになってしまうので、フワフワのまま食べられるのは貴重だ。

ブラチスラバは、時間を持て余したバックパッカーですら素通りする町と一部で酷評されていて、なるほど確かに散歩してもこれといって観光の目玉がない。有名なのはマンホールから頭を出したおじさんの銅像だけど、おじさんの頭が出ている以外は地面の普通のマンホールだから、気が付かずに素通りしてしまった。

私は、ドナウ川から見たあの四角い建物を目指した。どうも団地らしい。近くのバス停には乗り切れないくらいたくさんの人が列を作って待っていた。特に、ペトルジャルカという地区にはブラチスラバの人口の4分の1にあたる約10万人もの人が住んでいるという。

車通りが多い幹線道路は、本来は歩行者用地下通路で横断できるはずが、あちこち水没してトンネルの中が全部ゴミで埋まっていて通行禁止になっている。

団地は、外壁を緑や赤など色鮮やかに塗り替えてモダン風にしているけれど、ベランダには古そうなテレビのアンテナがせり出して、一階の並びに入った小さな商店は閑古鳥が鳴いている。それは奇妙にも、私が生まれ育った東京の古い団地とよく似た景色だった。

昭和の団地といえば近代的な暮らしの象徴だ。でも、近代化と西洋化はほとんどイコールに語られる場面もあるのに、日本の団地の外観は洋風と言うには違和感がないだろうか？　主に昭和30年代から建てられたので、設計者は戦前から終戦直後の西洋のアパートを参考にしたはずだ。例えばその頃のニューヨークのアパートといえば、ドアみたいに細長い立派な窓。ヨーロッパだったら外に出っ張ったベランダ。対して日本の団地はかなりのっぺりしている。社会主義時代に建てられたスロバキアの団地とよく似たのっぺり具合だ。

そうだ。日本の団地は、戦後の住宅不足解消のために造られたもので、本当に裕福な家庭のためのものではなかったはずだ。旧ソ連の団地も、工業化が進み農村にあった人口が都市部に集中したために造られたと言われている。町を運営するために今すぐ住宅が必要だから、丈夫で早く建てられるデザインが求められた。

かつては北朝鮮に理想郷を求めて移住する人たちがいたくらい、社会主義が先進的な扱いを受けていた時代があったことも考慮すると、もしかしたら日本の団地デザインのルーツはスロバキアの団地と同じソビエトスタイルにあるのかもしれない。

市場へ行ってみると、下着屋さんのブラジャーが山積みになって段ボールの外にダラリと垂れていた。帽子をかぶったマネキンは、今にも瞳の塗装が剥げそうだ。屋根は薄いトタンだから、雨が降ったらバラバラ音がうるさそうだ。野菜はどの店も代わり映えしない品ぞろえで、精肉市場は生肉のニオイがこもっていた。それは、私には懐かしいニオイだった。フィリピンの市場とよく似ていた。

あ、わかった。この町の混沌とした雰囲気は、きっと町が生まれ変わりの途中にあるからだ。

スロバキアという国には、とても複雑な歴史がある。

スロバキアが現在のように独立したのはかなり近代の出来事で、ソ連崩壊の2年後の1993年だ。それ以前は、チェコとスロバキアという異なる文化を持つ二つの地域が合併して一つの国として機能していた。これは、第一次世界大戦の終結に伴い、パワーバランスが複雑化したヨーロッパで生き残るための戦略だったとする説もあるが、第二次世界大戦以降はソ連の占領下にあった。

激動のスロバキア独立からおよそ30年。最近は再開発ラッシュで、建設用クレーンがあちこちで背比べをしている。いつかおばあちゃんになって再び訪れる時は、まるっきり新しい町に生まれ変わっているだろう。観光地らしいものは特に何もないのに再訪に思いを馳せてしまう、不思議な魅力がここにはあった。

◆当時の日記を元にした物価の比較

	オーストリア	スロバキア
エスプレッソ	380円	120円
生ビール	610円	330円
アイスクリーム	260円	105円
ピザ	800円（1切れ）	830円（1枚）
外食	3000円（1食）	600円（1食）

スロバキアの団地は、昭和時代に建てられた日本のものに雰囲気がよく似ている

コマールノで困るのは（スロバキア）

いつからか、携帯電話に「ようこそハンガリーへ」、「ようこそスロバキアへ」と交互に通知が来るようになった。ドナウ川を境に南がハンガリー、北がスロバキアと隣接していて、どちら側を漕いでいるかを携帯電話がいちいち検知するのだ。幸いEU圏内のプリペイドSIMを差していればローミングは無料だ。

ミシシッピ川では、どれだけ漕いでもアメリカという1つの国を出ることはなかった。お金はドルだけ持っていればいいし、英語だけ話せれば良かった。だけど、ドナウ川ではコロコロ国が変わって、言葉も変われば通貨も変わる。お財布の中でスロバキアのユーロとハンガリーのフォリントが交じってしまった。言葉は、旅に出る前はこれをきっかけに各国の言葉を覚えようと意気込んでいろんなアプリをダウンロードしたけれど、自分の脳では無理だと早々に諦めた。国境を越えて最初に入ったお店で、その国の「ありがとう」と「美味しい」だけ教わって、あとは少しの英語とたくさんのボディランゲージで乗り切る。

ハンガリーの町コマーロムの対岸にあるスロバキアのコマールノでは、いろんなことに困らされた。

まず、この町にはカヤッククラブの代わりに、キャンプ場を併設したボートレースのクラブがある。土手に鉄板を敷いたスロープがあって、角度はかなり急だった。これが私の足元を飾る便所サンダルとすこぶる相性が悪い。カヤックを引き上げようと踏ん張ると、すり減って凹凸をなくしたサンダルの底が蟻地獄みたいに滑ってしまって登れない。少し進んで、ひと休みと思って手を離した途端カヤックがまた下までずり落ちてしまった。裸足になってやっと土手を登り切った。

女性にとって、旅の困りごととして避けられないのは生理だ。私はそういう時は漕がずに休んで暴食すると決めている。ミシシッピ川の時は、心身が弱った時に食べたくなるアジア系食材やお菓子をある程度買い貯めていた。アメリカは外食が高いので自炊にこだわろうと、いろんな調味料をカヤックに積んだ。

ところが幸いドナウ川は、スロバキアを境に物価がガクンと下がった。川を下って東欧へ行けば行くほど物価が下がるらしい。もし逆だったら破産してしまう。おかげで、どうしても料理したくない時は外食をする心の余裕が出てきた。

露店のアイスは1スクープ80セント。1ユーロを切る食べ物との出会いに感動して1日に2回食べたが、あれは普通一度に3スクープくらい頼むものらしい。Wi-Fiサクサクのきれいなカフェなら、ホイップがたっぷりのったココアが1ユーロ80セント。大衆食堂へ行けば手のひら両方を広げても負けるくらい大きいチキンカツとコンソメライスに野菜ピクルスが乗った特大プレートが4ユーロ50セント。それから少しおしゃれなレストランで300グラムのビーフシチューを頼んでも9ユーロ。スロバキアに入って急激に物価が落ちたのを良いことに、一日中贅沢に食べたいものを食べたいだけ食べた。

お昼時を過ぎてすっかりお客がいなくなったレストランで、ビールジョッキを横に置いてノートに筆を走らせるおばあさんがいた。私もビールを注文して、日記帳を開く。不意に彼女と目が合って、言葉を交わすまでもなく私たちはお互い旅人同士であることを認識した。彼女はカトリックの聖地巡礼中で、あちこちの町を一人で歩き回って手記をしたためているらしい。

普段どこで寝ているのか。何を食べているのか。仕事はどうしているのか。そして、寂しくないのか。彼女の問いに、私は答えた。

適当に野宿で。適当に自炊して。クビになったので貯金を切り崩して。そして、一人旅なのに、私はなぜか寂しくなかった。

自然の中を漕いでいても、こうして町へ出れば誰かしら話し相手は見つかるから、寂しいなと落ち込む暇もないのかもしれない。

彼女はあまり長話もしないまま店を出て、それからウェイトレスさんが私の伝票を持ってきてくれた。会計済みで、しかも20ユーロが挟まっていた。なんてスマートなおばあさんだろう。私もいつかこんなおばあさんになりたい。

私は、人も羨むくらい旅を謳歌しながら、同級生と比べて社会的ステータスとお金を稼ぐ能力が低いことを節々で負い目に感じている。旅の各地で「憧れる大人」と出会う度に、将来なりたい人物像だけがどんどん膨らんでいく。

ブダペストと船の家（ハンガリー）

ブダペスト郊外の静かな中州にテントを張っていると、小さなゴムのイカダがこちらに手を振ってやってきた。男性と、犬と、小さな子供が乗っている。

「僕たち、あっちの方に住んでいるんだ。明日、朝ごはんを食べにおいでよ」

男はジョージと名乗り対岸を指さすが、沈みかけた太陽がまぶしくて何も見えない。朝になれば見えるからとだけ言い残して去ってしまった。

翌朝、そこには一隻の船が浮かんでいた。艀《はしけ》の形に近い。船からウッドデッキが伸びていて、ヨットや小型ボートなんかが係留してある。カヤックで向かうと、昨日の男性が立っていた。家族でこの船に住んでいて、こういう家をハウスボートと呼ぶらしい。

船でできたお家と聞いて、私はキャンピングカーのような内装を想像した。しかしこのハウスボートは、本当に普通の家みたいだった。壁は白く、リビングの天井は吹き抜けのように高く、暖炉もあった。ベッドルームは3つもあって、そんじょそこらの東京の家より大きくて立派だ。

リビングの扉だけは特別な密閉式で、これは法律で定められた船の安全設計上、取り外せないらしい。たまに近くを別の船が通ると、窓の外の水面が歪んで、それから少し遅れて家もゆらゆらと揺れはじめる。確かに家は水の上に浮かんでいるが、基本的に動かすことはないそうだ。

「船を買ってきて、家に改装すること自体は簡単だったんだ。楽しかったよ。でも大変だったのは、この係留許可を取ることさ。あれだけ大変だって知っていたら、ハウスボートに住もうなんて思わなかったさ。もう二度とごめんだね」

この一帯で係留される船はほとんどが商業船で、ハウスボートは前例がなかった。役所との長い交渉の末、ようやく契約を勝ち取ったが、ハウスボートが持つヒッピーなイメージから、地域住民の反対の声が上がり、彼ら以降はもう誰もここにハウスボートを係留する許可は取れなくなってしまったそうだ。

家には子供が2人いて、大声で歌を歌いながら家中を走り回っているが、隣に家はないので文句を言う人はいない。ジョージさんはというと、仕事前にカヤックを漕いだり、家と直結した土手でランニングをするのが日課だった。職場とは川でつながっているから、もういっそボートで通勤しようかな、なんて言っている。

ジョージさんの奥さんは、そんな家族のことを、「子供が3人いるみたいだ」と言う。

「ディズニーの歌のレット・イット・ゴーってあるでしょう？　あれは子供の歌じゃなくて、本当は親のための歌なのよ」

子育ては大変なことの連続だけど、大抵のことはレット・イット・ゴー、放っておけばなるようになるらしい。それで、もう1人くらい子供が増えても同じだからと、しばらく泊まっていくよう私に勧めてくれた。

実際に暮らしてみると、船の家はとてもよくできていた。

キッチンはオーブン付きでオール電化。スパゲティーを茹でるのもカレーを作るのも、蛇口の水はドナウの水だった。何重にもろ過した水なので、生水として飲む以外は全部に使える。

お風呂場のお湯はしっかり熱くて、バスタブにはいかにも西洋風の猫足が付いていた。本体は全体に曲線美を強調したデザインでありながら木製で、なんとジョージさんの手作りだった。この技術力の高さが評判となり、会社を起業したところ紆余曲折あって造船業に行きついて、この家を造るに至ったらしい。小さなバスタブが大きな船造りに化けて、ハウスボートで家族を養うまでになったのだ。

別れの日、私が黒海を目指していると知っていた5歳の長女ちゃんが絵をプレゼントしてくれた。私の黄色いカヤックが、真っ黒な海に浮かんでいる。黒海だから、海の色は青ではなくきっと黒いはずだと考えたらしい。私もまだ行ったことがないから、本当の色はわからない。

野宿生活がすっかり板について、屋根も壁も人生の必需品ではないと思うようになってしまったけれど、こうして一家と過ごしてみて、ハウスボートだったら将来自分で造って住んでみたいなと心が惹かれてしまった。できれば、いつかできるはずの自分の家族と一緒に。でも今は遠すぎる夢だから、まずは黒海まで行ってその色を確かめてみたいと思う。

アメリカで例えるとセントラルパーク、東京なら上野公園的な都会のオアシスであるブダペストのマルギット島には、カヤッカーにうってつけの宿がある。たまたま衛星写真を確認したら、宿の一階にカヤックの乗り降りに使う浮島があった。カヤッククラブを併設しているようで、しかも他のバックパッカー宿より群を抜いて安かった。

ブダペストという町はドナウ川を境に西側のブダと東側のペストが合体してできていて、マルギット島はそのちょうど中間にある。ブダペストに引っ越す人が抱えるジレンマは、ブダの丘から見下ろす対岸の景色は壮観だけど、ペスト側から望む対岸ブダ城の夜景も捨てがたいということ。でもマルギット島ならその両方が楽しめる。

意外というか、当然というか、実際その宿に泊まってみるとカヤックで来た人なんて誰もいなくて、10人部屋の同室のお客はみんな飛行機と電車で旅行していた。中にはコロナ禍で大学の授業がオンラインに切り替わったのを利用して、ヨーロッパを周遊しながら薬学の単位を取っている人もいた。

「実は今週はテスト期間なんだ。でも全然、勉強がはかどらなくてね」

もちろんそうだろう。私だって、カヤック旅をしながら少しは原稿を書くつもりでいたのに、毎日が楽しくってとてもそれどころじゃない。日ごろかじりついているSNSですら、リアルが充実すると投稿するのが億劫になった。

宿はいろんな国の若者でほとんど満室だったけれど、日本人は一人もいなかった。日本人の旅行者はどこへ潜んでいるのだろう。

調べてみると、日本人が経営する日本人貧乏旅行者向けの宿、バックパッカー用語で言うところの通称日本人宿が市街地にあるとわかった。そこでは基本的には日本人以外は宿泊しないので、外国にいながら宿の公用語は日本語で、漫画や旅行ガイドが読み放題だったりするらしい。

特に老舗だというアンダンテホステルに狙いを定めて、ホームページに載っていたメールアドレスに予約の連絡を入れた。しかし待てど暮らせど返事がない。しびれを切らして住所を頼りに尋ねると、それは古いアパートだった。一階の並びの閉じたシャッターは落書きだらけで、色褪せてボロボロになったアンダンテホステルの張り紙があった。

建物そのものが廃墟みたいだったけど、ちらほら人の出入りもあった。どうしてもあきらめ切れない私は、住人が出てきた後、入り口のオートロックの扉が閉まってしまわないうちにドアをつかんだ。インターホンは、ビルの中にあった。

ダメ元で鳴らしてみたら日本人の声がした。でもやっぱり今は営業していないらしい。「他に何かご用は？」と言われて、本当はいろいろ話を聞いてみたかったけれど、私はショックで何も言えなかった。

もう貧乏海外旅行は日本人には流行っていないのかもしれない。仲間がいない虚しさに、しばらくボーっとビルを見上げて突っ立っているしかできなかった。

寂しいことは続き、突然の訃報が入った。2022年3月27日、カヤック冒険作家の野田知佑さんが亡くなった。84歳だった。まだ海外旅行そのものが珍しかった時代から海外の川を旅して回り、国内では環境保全活動に尽力し、たくさんの日本人をカヤッカーに変身させた。私もいつか日本に帰国したら野田さんにお会いできる機会があるんじゃないかと密かに期待していたけれど、とうとう叶わず永遠に会えない人になってしまった。

野田さんは生前、かなりお酒が好きだったそうだから、きっとドナウ川も気に入ったと思う。ここには日本にないお酒がたくさんある。ハンガリー名物のフォアグラもマンガリッツァ豚も固く財布の紐を締めて口にしなかった私なのに、お酒は我慢できなかった。

私のお気に入りはウニクムだ。人生で飲んだお酒の中で、一番美味しい。爆弾みたいな黒い丸い瓶に入ったハーブリキュールで、起源は18世紀に遡る。オーストリア・ハンガリー帝国時代のハプスブルグ家の皇帝ヨーゼフ二世のために胃腸の薬用酒として開発され、皇帝が一口含んで「Das ist ein unikum(これはユニークだ)」と言ったことからウニクムと名付けられた。口に合ったのか、それともオブラートに包んだ感想なのかは不明だが、名前の通り、その独特な味は何とも例えようがない。ウニクムはウニクムの味なのだ。強いて言えば、シナモンの香りがするラムみたい、だけど最後に独特の渋みが残る。良く言えばオレンジの皮、悪く言えば薬みたいな渋みだ。口に含んだ時は甘く、喉を過ぎると苦いので、一口にいろんな味わいがあった。アルコール度数40度と高めだが、香草が効いているおかげかアルコール臭さはない。

ウニクムの複雑な味の秘密は、製造元であるツヴァック社の門外不出のレシピで調合された約40種類の薬草にある。同社は当初ブダペストに店を構えたものの、第二次世界大戦で損壊。苦心して工場を再建するも、ハンガリーの社会主義化に伴い工場の国営化の危機に直面。秘伝のレシピだけは国に盗られまいと、メモをポケットに忍ばせてイタリアに亡命し製造を続けた。

私とウニクムの出会いは、ブダ城のふもとのバーで出されたハンガリクムという一杯。アップルパイみたいな味がした。ウニクムに入っているシナモンのせいだが、一体このお酒は何だと衝撃を受け、今度はバーテンダーに勧められてフランジェリコ・サワーを頼んだ。フランジェリコはヘーゼルナッツの香りがするリキュールで、いろんなカクテルに使われているが、バーテンダー曰く、ウニクムで作るカクテルとしては一番古い歴史があるそうだ。フランジェリコがイタリア発祥のリキュールで、ウニクムも一時期イタリアで製造されていたという背景を考えると、納得である。ちなみに、ウニクムの甘みとカクテルに入った柑橘類の酸味が合わさって、チーズケーキみたいな味がした。子供っぽいと思われるかもしれないが、仕上げに浮かべられたドライレモンが押し花みたいに可愛くて、指でつまんでポリポリ食べたりした。バーなんて行き慣れていないからわからないけれど、あれはやっぱり品がない振る舞いだっただろうか。

それから、ハンガリーの蒸留酒と言えばパーリンカだ。フルーツブランデーの一種だそうだが、一般的に想像するブランデーとは違って色は無色透明。同様のお酒は東欧各国にあれど、パーリンカを正式に名乗れるのはごく一部のオーストリア産とハンガリー産に限るという。

一般的にはどんな果物から造られるのか調べてみると、プラム、洋ナシ、リンゴ、アプリコット、チェリー、ブドウ、いちご――。とにかくハンガリーで育てられる果物なら何でもある。酒屋に行くとラベルに果物の絵が描かれた細長い瓶がずらーっと棚に並んでいる。

種類がありすぎて困ったから、ジャケ買いで私が選んだのはスモモのパーリンカ。瓶を開けて鼻を近づけると、かなりはっきりフルーツの香りがする。飲んでみると味は……キツイ。アルコールがキツイ。味を楽しむというよりも、クッと飲んで、ふわ〜っと鼻腔を満たす芳醇な香りを楽しむ、そういうお酒だ。

私が初めて教えてもらったハンガリー語の二単語文は、パーリンカ・フェケテ。フェケテは英語のマストと同じ意味だから、つまりこれは「ノー・パーリンカ・ノー・ライフ」みたいなニュアンスだろうか。今時はパーリンカよりビールやワインを好むハンガリー人もいるだろう。でも、外国人がパーリンカと言うだけで大ウケする。

残念ながらパーリンカは、フルーツが醗酵する時に発生するメチルアルコールが日本の基準値を超えてしまうことが多いそうで、ほとんど輸入されていない。

私の中で新たなお酒の楽しみが開花した。焚火を前に、一人ウニクムやパーリンカの小瓶を手に、その残りを気にしながらチビチビ大切に飲むのが最高。野田

さんにもし会えたなら、
ドナウのお酒を一緒に
飲んでみたかった。

ハンガリーのどろぼう市

ハンガリー某所、地面に風呂敷を敷いて不用品を売りに人が集まるフリーマーケットで、怪しい珍品を発見した。通販の小包のようなものが山積みになっている＝写真＝。店番のお兄さんに尋ねると、「ただの袋だよ」と言ってそれ以上は説明してくれない。持ってみると、感触も重さもみんな違う。袋の中にさらに袋がひたすら詰まっているというわけではなさそうだ。

盗品か何らかの事情で配達されなかった小包だと仮定して、柔らかい袋はおそらく衣類だろう。中を知りたい好奇心はあるけれど、要らないものを買っても仕方ないから買わなかった。

閉店時間が近づいて、周りの店が撤収する中、この怪しい袋売りは在庫をたくさん抱えて最後まで粘っていた。安い物を求めてやってきた節約志向の客には、響かなかったらしいけれど。

行くなと言われた町パクシュ（ハンガリー）

美味しいラーンゴッシュ屋さんを見つけた。大きな丸い生地を目の前で揚げて作ってくれる揚げパンの一種で、大量のチーズがトッピングされて、1枚たったの2〜300円。原材料の小麦粉の値上がりが続いていて、メニューに値段を書かない店も多いが、無料でサワークリームとガーリックを乗せられる。油とチーズでギトギトなので、熱いうちに食べないと美味しくない。安くてお腹が膨れるハンガリーのファストフードだ。ちょっと凝ったお店だと生地を二つ折りにして具を包んだ、野球のグローブ並みに大きなラーンゴッシュもある。肉や野菜の追加トッピングでピザ風にカスタマイズすると、イタリアのカルツォーネを揚げたみたいな感じ。ただし、地元民の間で美味しいと評判の店はハンガリー語のメニューしかないので、希望のカスタマイズを伝えるのはすごく難しい。

ピザといえば、ここには肝心のタバスコがないことに気が付いた。そういえば、ヨーロッパへ来てから辛い物をほとんど食べていない。西欧で辛い物というとマスタードやコショウくらいだが、辛味をハッキリ感じるほど料理に入っていない。しばらく辛い物を食べないうちに辛味への耐性がすっかり落ちてしまって、たまに韓国系スーパーでインスタントラーメンを手に入れると鼻水と涙をにじませながらすするはめになっていた。

ところがハンガリーに来て、私はやっとヨーロッパの辛い食べ物に出会った。ハラースレーと呼ばれる魚のスープだ。赤いのでトマトベースかと思いきや、スープは意外とサラサラ。色の秘密はパプリカだった。パプリカといっても、日本で想像するものとは全然違う。甘いものから辛いものまで様々な種類のパプリカがあった。

このパプリカの登場こそ、食文化が西欧から東欧へ移り変わる印だった。ハラースレーはもともと漁師の料理で、海がないハンガリーではナマズやコイがよく入っている。味付けには地域性があった。ハンガリー北部にあたるブダペストのものはあまり辛みがないが、ドナウ川沿いに南部のバヤまで行くとフェットチーネを短く切ったみたいなパスタが一緒に煮込まれている。スープの香りはパプリカで、味はトウガラシ。舌がピリピリする。

舌どころかこの頃は、ハンガリーという国そのものがピリピリしていた。

不気味に口角を上げた白いお面を被って、お揃いの赤いパーカーを着た集団が現れた。何かのお祭りかと思ったら、それは「二尾の犬の党」という政党の選挙活動だった。国の将来を左右する議会総選挙を控えた時期だった。

そのお面は16世紀末にイギリスで国会議事堂の爆破テロを企てた男をモチーフにしたガイ・フォークス・マスクと呼ばれるもので、国際ハッカー集団アノニマスや、最近では海外の過激派ヴィーガン活動家らも被るなど、権力や社会への抵抗を示すシンボルになっている。

彼らの主な活動は、政治的な皮肉を煽るストリートアート。なんだ、迷惑行為じゃないかと眉をひそめるところだが、病院内の環境改善を訴えるため石鹸とトイレットペーパーを持ち込んでみたり、少しお茶目でもある。自らをジョーク政党と名乗り、公約として不老不死、週休6日制、ビールの無料化などをうたう文字通り冗談みたいな政党だ。意外にも、既存の国家政治への反骨心からか、こういう奇をてらったようなジョーク政党は近年ヨーロッパで少しずつ勢力を獲得しているという見方もある。

結局、選挙は与党が勝利し、オルバーン・ビクトル首相（ハンガリーは日本と同じで姓を先に書く）による2010年からの長期政権が継続された。

EU加盟国の中にはハンガリーをはじめユーロ通貨でない国がいくつかある。ユーロ化に必要な経済水準に達していない国もあれば、国民投票で否決された国もある。ハンガリーの場合は、どうも政権がユーロ化を望んでいないらしい。

ある晩、カヤックで週末のツーリングを楽しんでいるという二人組と焚き火を囲むことになり、私は尋ねた。EU圏内にありながら、独自通貨フォリントを使用しているメリットを国民は感じているのか。

彼らはドイツ企業から安月給1000ユーロを昇給なしで支払われ続けた場合を例に説明してくれた。どうやら貨幣価値と為替の伸び率の関係で、ドイツ企業が固定給を払い続けた場合でも、フォリント換算にすると賃金が少しずつ上昇する傾向にあるらしい。だが裏を返せば、中身はユーロ経済ありきということだ。今度は彼らが私に尋ねた。旅行者の眼にハンガリーの政治状況はどう映る。難しい議題だ。私はハンガリーという国をよく知らないままこの選挙期間を現地で過ごしたけれど、政権の長期化と国家の安定は必ずしもイコールの関係では結ばれないように思った。

「そうさ。ただキープするだけでは、やがて沈んでしまうんだ」

政治や経済の話は私にはよくわからないけれど、シンプルな英単語を並べただけのその表現に、いろいろな物事に当てはまる人生哲学が垣間見えた。

ハンガリーがEUの異端児たるゆえんは、パクシュの町にある。国内の電力の約半分を発電している原発があって、しかもウクライナ情勢が緊張状態にある中、ロシア製の2機を追加建設する計画が進行していた。様々な圧力がかかる中、絶妙な政治的バランス感覚を要求されていた。

「原発の近くでキャンプなんかできるわけがないから、行かない方が良い」

そう聞かされながらも行ってみると、なんと発電所のすぐ足元にカヤッククラブがあった。発電所の敷地に半ば食い込むような形でポツンと建っている。競技練習中の子供たちを見守っていたコーチに話しかけると、施設の中のガラスケースの前まで連れていかれた。そこには日本語で書かれた日の丸の賞状があった。1964年東京オリンピックのカナディアンカヌー男子ペアの物で、ここから輩出されたオリンピアンらしい。

このクラブの立地の謎が解けた。パクシュの原子力発電所の一号機の建設が始まったのが1974年とされているから、原子力発電所ができる前からこの場所でカヤックを漕いでいたのだろう。

原子力発電所内には博物館もあると聞き、行ってみることにした。クラブのすぐ裏に近道があるというので原っぱの上の車が通った後をたどっていくと、途中で途切れて代わりに線路が現れた。資材などを運ぶための線路だと思う。このまま進んで良いのか、自信がなくなってきた。

コソコソ歩くと、今度は舗装されていない乾いた道に出た。ダンプカーみたいな太いタイヤの跡が続いていて、すぐ脇には建設途中の大きな建物の骨組みが見える。もしかしたら私は原子力発電所の関係者以外立ち入り禁止の区域に入りこんでいるのかもしれない。変な汗をかきながら、工事作業員と目が合わないように歩き続け、やっと施設の正門付近に出た。

「あの、博物館に行きたいんですけど」

警備員に話しかけると、困惑していた。何人か集まって相談している。よっぽど来客が珍しい博物館なのか、それとも普通はみんな車で来るところに、ハンガリー語が通じない女がリュックを背負って建設現場からテクテク歩いてきたのが不審なのか。きっと後者だろう。

身分証明書の確認と、持ち物検査が行われた後、すぐに迎えの車がやってきて、英語が堪能なガイドのお兄さんが案内してくれた。

彼はノートパソコンくらいの大きさの一枚の古い電子基板を見せてクイズを出した。

「なぜこの大きさの基板が原発で採用されたか、わかるかな？」

ヒントは、日本でも少し前に話題になった透明なコーラの起源。当時は鉄のカーテンに象徴されるように、ソ連の傘下にある東欧の社会主義国家と資本主義を貫く西欧諸国の間に経済活動の制限があった。アメリカ製品のコーラも禁止されたが、どうしても飲みたかったソ連の元帥が、カラメル色素を抜いた透明のコーラを作ってウォッカに見立てて持ち込むことを思いついた。この〝元祖透明コーラ〟は商品化されなかったものの、今、日本でも手に入る透明コーラとほとんど味は同じだろう。

話を電子基板に戻すと、それは書類などを入れるビジネスバッグにピッタリ収まるサイズだったから。そういう鞄は、税関で検査されることもほとんどなくて、密輸するのに重宝したという。鞄に収まらないようなものを密輸する時は船を使って、わざと海が大荒れ予想の日を選んで出航した。そうすると、もともと寄港する予定になかった港に緊急措置で接岸できる。そこにあらかじめ密輸したい物をこっそり置いてもらって、回収するのである。

パクシュは過疎の町だったのが、ドナウ川による冷却水の供給などの立地条件から原発が作られると、多くの作業員が移り住んだ。彼らの生活基盤を整えるため敷地内にはアパートはもちろん、学校や病院の他に多様なスポーツ施設まで設けられて、原発が一つの町のように機能した。国から巨額の予算も投じられて、ハンガリーの大部分よりずっと豊かな暮らしができたという。

ガイドのお兄さんも、生まれた頃からこの原発の中で育ってきて、父親はこの原発の作業員だった。

脱原発が叫ばれる昨今も、彼らはこの場所を誇りに思っている。

行きは物々しかった正門の警備員は、帰り際には英語でお別れの言葉を用意してくれていた。本当は外国語が苦手らしく、手書きのカンペを見ながらだった。

親ロシア的ともとれる政治スタンスがきな臭いと囁かれるハンガリーだが、真面目でシャイな国民性は、どこか日本人みたいで、私はハンガリーが好きになった。

ブダペストの国会議事堂。クルーズ船に人気の景色をカヤックで体験

ハンガリーの春一番に吹かれて、長旅で季節を跨いだのを実感した

ハンガリーのホームレス事情

家がない人はどこの国にもいる。ハンガリー某所には、安く借りられるシェアガーデンにあちこち歪んだ小屋を建てて住む人たちがいて、小さな集落みたいになっている。そこにもうすぐ出産を迎える妊婦さんと、おじいちゃん、おばあちゃんが住んでいた。電気ガス上下水道なし。雨漏りのする小屋で新生児と冬を越すのは厳しい。だから、ハンガリー・ペーチ大学の有志で新しい小屋を建てることになった。

材料は廃材。柱と梁(はり)は解体現場から回収したもの。屋根と床は、工場廃棄のドア。天井と壁は、古い床板。断熱材の上に敷く防水シートは、音楽フェスでゴミになったテント。大学有志たちにはお金がない。使える現金はたったの2万円。ネジを買うのさえ痛い。

それでも家らしい形になってくると、おじいちゃんは喜んで「ヨッ、ヨッ、イヨー！」と歌舞伎みたいな声を出す。「ヨ」はハンガリー語で「いいね」という意味らしい。

妊婦さんと赤ちゃんのために、と大学有志が手作りの家をプレゼント

第二部　東ヨーロッパ編

全体地図

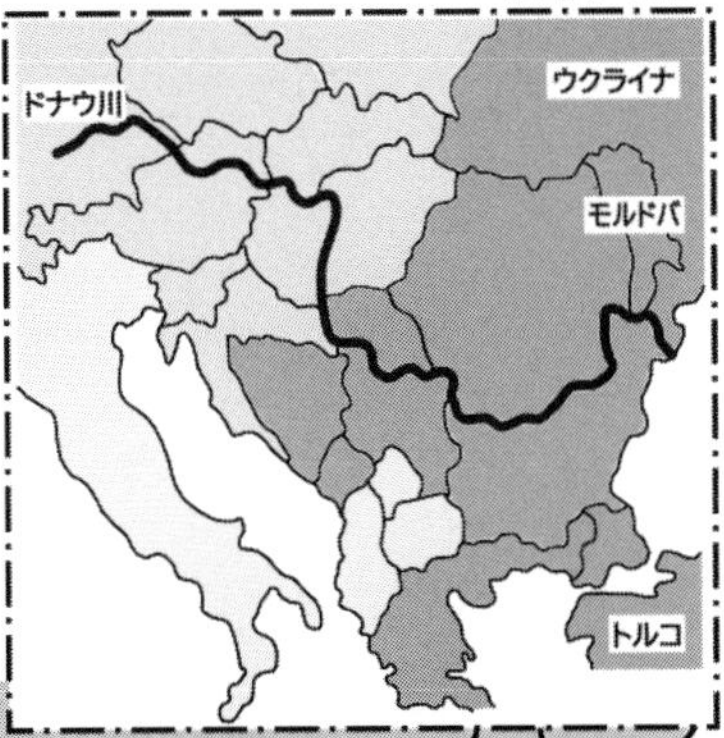

ドナウ川下り
東ヨーロッパ編
拡大地図

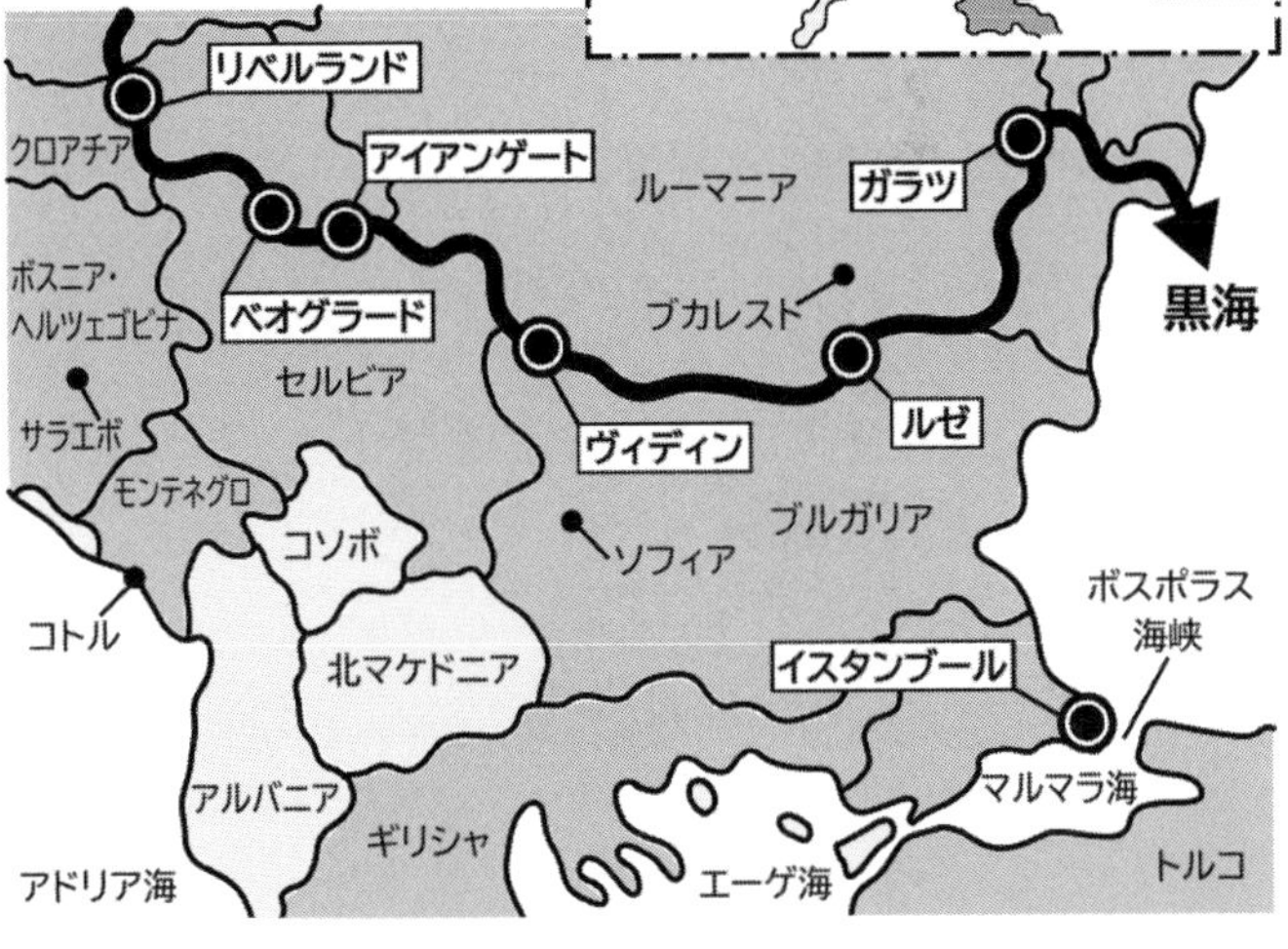

ブコバルと廃墟群(クロアチア)

クロアチアの空き地を歩いていて、後ろを振り返ってギョッとした。警官が2人、誰かを追いかけている。大きく腕を振って全速力だ。辺りに他に人はいない。え!? もしかして、わ、私ですか?

この本の冒頭で触れたように、ドナウ川を下ってハンガリーを出国すると、川の東側がセルビア、西側がクロアチアになる。最初の入国管理局はセルビア側に現れて、これ以降、ドナウ川沿いの各国はシェンゲン協定を外れるので、国境を越えて上陸する度に出入国の手続きが必要になる(※この旅を終えた翌年の2023年1月よりクロアチアはシェンゲン協定に加盟)。

バティナという小さな町に浮かんでいる錆び切った廃船を目印に上陸すると、草むらの向こうにセルビアの入国管理局があった。ボロボロの建物は廃墟みたいで、入り口のドアノブを捻ってみると、グルグル回ってしまった。うそでしょう、壊れてるじゃん。だけど、押してみたら、開いた。ギイーッ……と鈍い音を立てて、怪談みたいに。

中はあちこち蜘蛛の巣が張っていて、誰もいない。左から順に扉を開けてみる。一つ目。暗い部屋の戸棚が全部半開きで空っぽになっている。二つ目。鍵がかかっている。三つ目。光が漏れているが、開くと書類棚の背がぴったりドアフレームを覆って塞いでいる。壁の張り紙はキリル文字で読めない。脱出ゲームの世界に入り込んだみたいだ。

かろうじて英語で入管は二階と書いてあるのを見つけて階段を上がると、お姉さんが案内してくれて、もと来た階段を下ってしまった。正解は試さなかった一階の四つ目の扉で、書類を渡された。

船は何トンだとか、乗組員は何人だとか、検疫は受けているかとか、到底カヤックには当てはまらないような質問ばかり並んでいる。紙には入国欄と出国欄があって、それぞれスタンプを貰ったら、また次の国の入管で船の履歴として提示する。カヤック旅には厄介な濡れちゃまずい紙が、国を通過するたびに増えてしまう。

なるほど、これは面倒くさい。いっそこのままクロアチアをスルーしようかとも考えた。しかし、クロアチア側の町、ブコバル付近でどうしても気になるものを見つけてしまった。かなり立派な工業団地が丸々一帯、廃墟化していた。上陸するかどうするか悩ましいが、川の流れは待ってはくれず、どんどん流されていく。このまま見送って後悔しないだろうか。いや、絶対、後悔する。私は廃墟に目がないのだ。行こうと決めた。

港には釣り船に乗った男性を囲んで撮影しているテレビ局がいた。手招きされて、私もちゃっかり取材を受けた。人生初の海外テレビ番組出演。「クロアチアはどうですか?」とニコニコ聞かれて、「廃墟が立派です! すばらしい!」と言いかけるも、そんな使えないコメントを残してどうするんだと思いとどまった。「まだ来たばかりなので、これからクロアチアのいろんな良いところを見つけていきたいです」。そんなふうに答えたが、私が知りたかったのは観光名所や食べ物ではなく、何よりも廃墟だった。

胸を高鳴らせて廃墟を目指し、幹線道路沿いを歩いた。すると、路肩にハザードを点滅させて停車している車があって、すれ違いざまに窓を開けてこちらに何か話しかけようとする素振りを見せた。強引な客引きの個人タクシーかもしれない。あるいは車が故障して助けを求めているのかもしれないが、クロアチア語がわからない私ではかえって迷惑になる。私は無視して歩き続け、廃墟の近くの砂利道に入った。

そして、気が付いた。何だか後ろの足音がやけにうるさい。振り返ると、私はどういうわけだか警官に追いかけられていた。このまま逃げるのは不自然だ。素直に自分から警官の方へ歩いていくことにした。

「英語はしゃべれますか？」

「あっ…。ええ、少しだけ…」

息が詰まるような緊張感の中、さっきの路肩の車の運転手も遅れて合流した。あれはタクシーじゃなくて覆面パトカーだったんだ。それを無視したから、怪しいと思って追いかけてきたのだ。

警官に取り囲まれて、身分証明を求められた。日本人とわかると、厳しい態度だったのが一変した。彼ら国境警備の警官は非ＥＵ圏から潜りこもうとする密入国者を警戒しているのだが、主な対象は対岸のセルビア人。だから、それ以上は聞かず、すぐに解放してくれたのだ。

廃墟なんて、誰も人が寄り付かないから廃墟なのに、まさか警察に声を掛けられるだなんて。目を付けられたのが廃墟に入る前で良かった。

肝心の廃墟は、期待以上だった。

植物に侵食された大きな工場が、何棟も放置されていた。元はコンクリート打ちっぱなしの冷たい建物なのに、屋根がすっぽりなくなった部屋なんかは、太陽の光が葉を透過して暖かい黄緑色の光で満たされていた。見事な廃墟だった。割れたガラスや落書きもほとんどなくて、誰かが勝手に住み着いているニオイもしない。代わりに靴底みたいなゴム片が転がっていた。昔はクロアチア有数の靴工場だったらしい。

実は、ブコバルがセルビアの密入国者を厳しく警戒している現状と、この工業団地の廃墟化には密接な関わりがあった。

かつてクロアチアを含むバルカンの6カ国は、セルビアを中心とするユーゴスラビアという一つの国家を形成していた。それが今のようにそれぞれ独立するにあたり、ユーゴスラビア紛争という内戦が起こった。その初期に起こった戦いの一つが1991年のブコバルの戦いで、独立を宣言したクロアチアにセルビアが武力による制圧を試みたらしい。

なぜブコバルが戦いの地に選ばれたのか。ユーゴスラビア崩壊の運命を左右する地理的に重要な位置にあったことに加え、今のウクライナに対するロシア側の主張と重なるようだが、ブコバルで迫害されている同胞のセルビア人を守るため、という大義名分があったからだ。

紛争以前は、ブコバルの人口の約半分はセルビア人だったという。最盛期には2万3000人もの人々が従事したこの靴工場も、その多くはセルビア人労働者だった。今やもぬけの殻だけど……。

住宅街を歩いていて、よく見るとあちこちの壁に弾痕と思われる穴がたくさん残されている。町の貯水塔に至っては、穴ぼこだらけでチーズみたいだ。塔の上に掲げたクロアチア国旗めがけて毎日のように砲撃されたのだ。そのたびに誰かがまた国旗を持って塔を登った逸話から、クロアチア人の不屈の精神を称えるシンボルとして残されている。

華々しいヨーロッパの町を巡る旅の最中、突如暗い歴史が顔をのぞかせた。

ブコバルの釣り船の皆さんと記念写真

クロアチア国旗をもらったのでカヤックにつけてみた。赤、白、青の３色を使ってある。「でも、セルビアではつけちゃだめだよ」という忠告付きだった。関係はまだギスギスしているらしい

リベルランドの秘密とエコビレッジ

セルビアとクロアチアの国境地帯に位置する、誰のものでもない土地に宣言されたドナウ川の新国家・リベルランドを取り巻く全ての謎は、セルビアの町アパティンで解けた。

港にハウスボート・リベルランドという秘密基地が浮いていて、担当者のヴァーニャさんが迎え入れてくれた。

まず、彼が言うには、私が大慌てで逃げ出したリベルランドの熊に関して、ここら辺ではずいぶん昔に動物園から脱走した熊がいるという噂があれど、野生の熊の生息域ではないらしい。私が見たのは、大きなイノシシだった。

それから最後に私が見つけた手作り感満載の古い小屋は、リベルランド関係者のものではなかった。クロアチア当局からの締め出しにより、リベルランド関係者はここ何年も上陸が叶わず、仮の拠点としてこのハウスボートを造ったのだ。

あるクリスマスの晩、彼らはこっそりリベルランドに上陸して小さなクリスマスツリーを植えたけれど、すぐに国境警備隊に撤去されてしまったらしい。安いスマートフォンを近くの木に固定して、当局がクリスマスツリーを引き抜く様子を仲間内でライブストリーミングしたのだ。そばに「メリークリスマス」と書かれた木箱が置かれているのも隊員らは本部に報告したが、中に酒が入っていることだけは報告せずに持ち帰り、その一部始終が映像に映っていた。

リベルランド関係者らは、勝手に国を造ろうというだけあって、こういうイタズラを仕掛ける大胆さがあった。彼らの勢いは止まらない。アパティンの外れに大きな土地を買い、リベルランドの姉妹都市になるエコビレッジ・アークの建設に乗り出した。

夏にはアメリカで行われる世界最大のフェスであるバーニング・マン・フェスティバルになぞらえて、フローティング・マン・フェスティバルを開催し、敷地内の湖畔にキャビンをたくさん建てる。ゆくゆくは、ここで暮らしの全てが完結するように整備するというのが彼らの野望だ。

リベルランドは実質クロアチアにあって、エコビレッジはセルビアにある。しかし、一連の構想の発案者であり、今回は予定が合わず面会が叶わなかったリベルランド大統領のヴィート氏は、クロアチア人でもセルビア人でもない。チェコ人だ。複雑な国際問題に発展しないか不安だ。

そもそも、クロアチア、セルビアともに領有権を主張しないままリベルランドが無主地になっているのはなぜなのか。どうもそこには両国の複雑な力バランスがあるらしい。

ブコバルで見たように、セルビアとクロアチアの間には確執がある。そしてリベルランドは地理的に、もともとセルビア側にあったのが、ダム建設に伴いドナウ川の形が変わってクロアチア側に移った土地だ。反対に、もともとクロアチア側にあったのがセルビア側に移った土地もある。

クロアチア側としては、リベルランドを自国領土と認めることは、セルビア側に行ってしまったクロアチア人ゆかりの土地を放棄することを意味する。それは道義上、受け入れがたい。かといってセルビアも、クロアチア側に行ってしまった土地をいまさら自分たちのものだと主張すると、余計な軋轢が生じる。こういう事情から、今も無主地が放置されていると推測される。

リベルランドに集まる人々は、変人が多かった。例えば、エコビレッジに移り住んだアメリカ人のイサさんは、安全な場所を求めてリベルランドに行き着いたらしい。彼女の言う安全とは、自給自足を叶えることで、国への依存も国家からの搾取もない状態を指していた。それでエクアドルに9年間も住んでみたのだけど、治安が悪くて高いコンクリート塀と有刺鉄線に囲まれた家で生活しなければならないのが、刑務所みたいで嫌気がさしたらしい。

イサさんが求めるような完全なる自給自足と言わないまでも、セルビアの食料自給率は高い。北海道と同じくらいの大きさの国から、1年間に生産される野菜は140万トン以上。冷凍ラズベリーの輸出量は世界一。自分たちでは食べ切れないくらいたくさん育てているんだと、セルビア人は誇らしげに語る。食べ物を自分たちで育てる力があるのは、戦争や経済制裁を加えられても、自分たちで生き残る力があるという意味だ。そういう万が一の備えがあるのだと強調する背景には、世界が平和であり続けるというのは幻想だ、という考えが隠れているようだった。

ヴァーニャさんの奥さんは子供の頃、学校の帰り道に乗っていた列車が空爆の爆風に煽られてひっくり返った経験を持つ。空爆はセルビアがユーゴスラビア紛争で傍若無人な攻撃を行っていたことに対するNATO(北大西洋条約機構)の制裁だった。

そうでなくてもセルビアの歴史は殺し合いだらけなのだと彼女は言った。オスマン帝国とオーストリア・ハンガリー帝国がにらみ合っていた時代には、地理的に中間地点にあったため散々戦う羽目になった。第一次世界大戦の引き金となったサラエボ事件の暗殺者もセルビア人だが、たった一つの事件をきっかけに地球規模の戦争に発展してしまうくらい、当時のヨーロッパ自体が不安定だったのかもしれない。

セルビアはEUに加盟していないが、そもそもEU入りに興味を示していない国民も一定数いるらしい。EUの役割の一つとして、隣接するヨーロッパの小国同士が一つの大きな国家のように団結し、戦争を抑止し平和を維持することが挙げられるが、これまでの歴史を顧みると真の平和が約束されるなんて不可能だと思っているセルビア人がいるのだ。彼らは、そうであるなら戦争のリスクと共存し、せめて最大限、自分たちの力で誇り高く自立していこうと考える。

正直、彼らの話はピンと来なかった。日本で生まれ育った私からすると、敵対する外国勢力とは遠い海の向こうの話で、現実味がない。

リベルランドを探索。人がいないせいか、かなり森が濃い

ノビサドの酔っ払いたち（セルビア前編）

セルビアでコーヒーを渡されて、グッと飲んでむせ返った。コップの底に粉が溜まっている。私が飲んだのはインスタントの粉末コーヒーだが、それでも完全にはお湯に溶け切らないので、粉が沈殿するのを待ってからカップの上澄みだけを飲むらしい。セルビアのコーヒーは、トルコ式だった。

私はもともとコーヒーが嫌いだった。苦いからだ。以前やっていた習い事の偉い先生が自らブレンドしたという自慢のコーヒーを淹れて下さった時は、教室に砂糖がなくて絶望した。それでもコーヒーというものは世界中どこへ行っても出てくるので、いつの間にか飲めるようになった。そうなると、あちこち旅行しているうちに、コーヒーの地域性のようなものまで見えてきた。

まず、アメリカ。アメリカーノはエスプレッソをお湯で薄めたもので、アメリカンコーヒーは浅煎り豆、デカフェはカフェインを取り除いたコーヒーのことだ。

つまりどれも薄い。アメリカでは時々やたらと大きいマグカップを目にするが、たくさん飲むならコーヒーは薄い方が良いのだろう。

次にヨーロッパ。コーヒーを注文すると、大抵、持ち手に指が一本だけ通るような小さいカップに入って出てくる。ヨーロッパはエスプレッソ文化らしい。私は大きなカップに入ったコーヒーが飲みたいんだ、と主張すると、ミルクを加えたカプチーノか、やっぱり濃い目のコーヒーが注がれる。それがドナウ川を下ってセルビアまで来てみると、コーヒーのスタイルがガラリと変わった。ますます東ヨーロッパ文化圏の色が強まってきた気がする。

セルビア人は特に民族意識が強く、彼らの文化について尋ねると、決まって「我らはオーソドックスなのだ」と誇らしげに語る。

オーソドックスとは、キリスト正教会のことだ。キリスト教の分裂といえば、16世紀に起こった宗教改革によるカトリック派とプロテスタント派の分裂を想像するけれど、それより前の11世紀頃に東西教会の分裂という事件があった。これにより初期のキリスト教は西のローマ・カトリック派と東の正教会派に分かれた。セルビア人の民族意識と信仰心に強い結びつきがあるのは、西ヨーロッパのキリスト教がその後複雑に分派したのに対し、自分たちは正教会という一つの信仰と伝統を守り続けた誇り高い民族なのだ、という自負が見え隠れしていた。

日本に旧暦があるように、セルビアでもグレゴリオ暦とは別に正教会暦というものがある。現在、二つの暦には13日間のズレがあって、私がセルビアを旅したのは正教会で最大のイベントとも言える4月のイースターの復活祭の頃だった。これを祝うため親戚中で集まるという夕食会に招かれて、とある一家のご自宅にお邪魔した。

料理は豚が多かった。皮付きのロースト、柔らかい肉を細かくほぐしたプルドポーク、それから豚の脂肪を油で揚げたもの。豚の皮の唐揚げとは違って、かじるとブヨブヨしていた。脂っこくなった口の中をリセットするのが辛い赤カブと小ネギ。どちらも水洗いしたのがそのまま食卓に置いてあって、みんな手づかみでかじっていた。

イースターエッグというと薄緑色やピンクなどパステル調に着色したものが思

い浮かぶが、セルビアのイースターエッグは茶色もしくは赤。茶色は玉ねぎの皮の茹で汁にゆで卵を漬けたもので、赤はロシアのボルシチでお馴染みの赤い野菜・ビーツの煮汁。花や葉をゆで卵に貼り付けて、さっきの煮汁に漬け込むと、模様つきのイースターエッグになる。食卓では二人一組になって、卵のお尻をぶつけ合い、最後まで割れずに残るのは誰かという勝負をする。

聞いたところによると、正教会のミサはいわゆるカトリックやプロテスタントと比べるとかなり独特だった。一家が通う教会では、まず、イースターのミサは深夜0時から朝6時まで続く。正教会では、神様の前でイスに座るのは無礼だという教えから、礼拝堂の中にイスはなく、基本的にずっと立ちっぱなしだ。私だったらそんなの飽きてしまって耐えられないと思うのだが、曰く、ミサの最中は歌を歌ったり、合図に合わせてちょっとした移動があったり、主体的に参加できるから疲れないのだそうだ。

私もある日曜日に正教会のミサを見学してみた。西欧の教会は屋根が尖っているけれど、東欧の正教会の屋根は大きなドーム型だ。内装は壁が宗教絵画で埋め尽くされている。描かれている肌の色は白ではなく小麦色で、西欧の宗教絵画と比べると民族の違いがあるようだった。

ドナウはセルビアを境にガラリと変わった。景色も文化も違うけれど、何より人が変わった。英語を話せる人がガクンと減ったのに、人のフレンドリーさが言葉の壁を跳ねのけてくる。

セルビア第二の都市ノビサドの砂浜にテントを建てた。対岸に、大きなイカダの上に小屋を載せたものが停泊していた。中から出てきたおじさんがカヌーに乗り換えて私の方までやってきた。

ハロー、オンリーイングリッシュ、ソーリー。そう言う私に彼は無言で携帯電話を突き出した。一体なんだろう。恐る恐る耳に当てると、電話口に英語が話せる女性がいた。彼女はサーニャと名乗り、対岸のイカダはイベント用のパーティーボートで、明日の誕生日パーティーに来ないかと誘ってくれた。

私たちはお互いの顔を知らないし、誰の誕生日パーティーなのかもよくわからない。でも、面白そうだからハイと答えた。

翌朝、豪華な青いドレスに身を包んだおばあさんがイカダにやってきた。サーニャのお母さんで、還暦のお祝いだった。そんな大切なお祝いに、見ず知らずのただ川を下っていただけの私を招いてくれるような懐の深さとおもてなしの精神がセルビアにはあった。

アコーディオンを抱えた三人組がやってきて、生演奏を始めると、急にイカダが動き出した。操縦桿なんかどこにもないのに、一体どうやって？ なんとバーカウンターのビールサーバーの陰に操縦桿があった。この位置関係で飲酒運転をしないのは、かなりの自制心が求められるだろう。

セルビア人は、よく飲んで、よく踊る。

彼らが好んで飲むのはラキヤと呼ばれる強いお酒だ。ワインの搾りかすやスモモなどの果物から作られる蒸留酒で、透明なのと茶色いのがある。ハンガリーのパーリンカと似てはいるが、茶色いのはタンニンを含む樽に保管されるからで、その分少し味に渋みがある。家庭で造られることが多いのも特徴で、人からもらったラキヤはアルコール度数が不明。市販のものは大抵40％程度。だけど家庭のものは70％近いものもあるという噂で、コップを顔に近づけるだけで目に染みる。これは相当強いはずだ。

ノビサドを見下ろすペトロバラディン遺跡のてっぺんに、時計台が見えた。でも、時間がまるで合っていない。いや、よく見ると、普通の時計と反対で長針が時針になっている。ドナウ側に浮かぶ船からだと長針の方がよく見えるのでそうしたらしく、しかも気温によって誤差があるので酔っ払い時計と呼ばれていた。

私たちもずいぶん酔っ払ってきて、もう船が揺れているのか自分が揺れているのかわからない。ただただ心地良い。

ペトロバラディン遺跡はオーストリア・ハンガリー帝国時代の要塞で、かくいうサーニャさんも実はオーストリア出身らしい。でも、思い出せないくらい小さい頃に家族でセルビアに移り住んで、ある時を境に父親と会えなくなってしまったそうだ。

彼女はドナウ川に壊れたまま残されたコンクリートの橋桁を指して言った。それはユーゴスラビア紛争でNATOから空爆を受けたものらしい。戦火によりサーニャさんとお母さんは田舎に疎開したものの、父は都会に残り、その後の動乱からそれぞれ違う人生を歩むことになった。

セルビアでは釣りをしているおじさんに話しかけると、よくTシャツをめくって銃創を見せてくれる。

クロアチアでも同様に、おじさんが脛《すね》を叩けと言って、その通りにするとコンコン固い音がした。義足だった。

「地雷を踏んでね。一瞬だったよ。痛くなかった」

おじさんはそう言って、自分の足に投げキッスをした。しかし強がっていたけれど、紛争から約30年経ったくらいでは町も人も傷跡が完全に癒えるはずはない。

ロシアのウクライナへの軍事侵攻が起きた時、ドナウ川で出会ったドイツ人たちは「まさかこの現代に、仮にもヨーロッパで紛争が起こるなんて」と絶句していたのに対して、私が見たところ、セルビア人は「また紛争か」とあまり動じていない様子だった。

私は戦争というと教科書で習った第二次世界大戦が思い浮かぶけれど、旧ユーゴスラビアの人たちにとっては、隣国同士で殺し合っていたのが記憶に新しい。歴史解釈については、クロアチア人とセルビア人で大きく食い違っていて、当然、他の旧ユーゴスラビアの国々も、それぞれ違った言い分があると思う。私はそれを確かめないままドナウ川をただ下ってしまうことが、罪なように思えてきた。

サーニャさんとの別れの朝、差し入れに持ってきてくれたのはブレクだった。酸っぱいヒツジのチーズをパイ生地に包んだセルビアでは定番の惣菜パンだ。

「でもね、世界一美味しい本物のブレクはサラエボにあるのよ」

運命なのか、サーニャさんが言ったサラエボとは旧ユーゴスラビアの一つであるボスニア・ヘルツェゴビナの首都だった。

私は一旦、セルビアの首都ベオグラードまでカヤックを漕ぎ、そこから長距離バスに乗ってサラエボを訪ねることにした。

サーニャさんはオーダーメイドの靴職人。糖尿病で足がむくみやすい人でもゆったり履けるコンセプトの革靴を作っている。店に遊びに行ったら、休憩中の店番を頼まれた。一瞬だったけど、私、セルビア語わからないよ(汗)

パーティーボートの船長さん

旧ユーゴスラビア

古くは旧ユーゴスラビアの首都であり、今はセルビアの首都であるベオグラードはかなりの都会で、東京っ子の血が騒ぐ。ショッピングモールへ行って、靴を買おうと決めた。

5月のドナウ川には、5センチくらいの三角錐の各頂点に鋭いトゲを生やした黒くて固いものがたくさん浮いている。それはハスに似た水生植物の種で、トゲの先端に触れたものは何にでも引っつくので、何百個も塊になって溜まっている。これが岸辺の原っぱの中にも隠れていて、知らずに踏んだら私のペラペラの1ユーロ便所サンダルを見事に貫通した。だから、これからの旅の安全のために、厚底のサンダルに買い替えることにしたのだ。

無事、お気に入りの一足を見つけた。最近は怪しい日本語がオシャレなのか、足の甲に「冒険魂」と書いてある。

私は、カードで払うことにした。ちなみにクレジットではなく、デビットだ。機械に差し込んだが、反応が悪い。

店員のお姉さんが、私に代わってもう一回、試してくれるみたいだ。差し込み口に添えて、グッとひと押し。その瞬間、カードがグニっと曲がった。

絶対に割れた。ヒビがギリギリのところで止まったのか、かろうじてカードの形を留めているが絶対に割れた。私もお姉さんも一瞬だけハッと息を飲んだが、お互いに現実を受け入れるのが怖くて何事もなかったフリをして現金で会計を済ませた。

なぜちょっと強めに差し込んだくらいで割れたのか、それには原因があった。今日はお財布や携帯などの貴重品類を入れた黒い防水バッグをカヤックの甲板に乗せて漕いだので、直射日光を集めて中がかなり温まってしまった。それで、カードがちょっぴり反り返って脆くなったのだ。

カードを失って不便になったけれど、私の「冒険魂」は加速した。この日の寝床はドナウ川の堤防沿いにある土管の隣だ。

夜中、寝袋の上で何かがモソモソ動いているのを感じた。驚いて起きると、野良猫だった。暴漢じゃなくて良かった。ピョンとカヤックに飛び移って、頭を入り口にやって覗いている。食べ物を探しているんだろうか。

昼間に料理をしていると、また猫たちがやってきた。ちょっと目を離すと鍋をひっくり返そうとする。私も食べ物を奪われまいと猫をしっかり見張るけれど、それに気を取られているうちに後ろから別の一匹が忍び寄ってくる。でも不思議なことに、弱肉強食の都会の野宿生活がしばらく経つと野良猫がライバルから仲間になったみたいに思えて愛しささえ芽生えた。

深夜2時。夜行バスに乗るためバス停まで歩く。旧ユーゴスラビアを巡るバス旅行の計画はこうだ。まず、セルビアのベオグラードを出てボスニア・ヘルツェゴビナの首都サラエボへ行き、それからモンテネグロの首都ポドゴリツァを経由して要塞都市コトルを観光し、最後にコソボへ行ってベオグラードに戻る。

バス旅行＝格安旅、ではない。カヤックで距離を稼ぐのはお金がかからないので、久しぶりに交通費を払うと急に財布が寂しくなる。だから夜行バスで寝ながら町から町へ移動して、宿代を浮かすことにした。

ところがバス停で、とんでもない情報を得た。バス旅行の計画の終わり部分、コソボからセルビアへの入国を拒否される旅行者が多発しているらしい。

コソボはセルビアとアルバニアの間にあって、住人はイスラム教徒のアルバニア系がほとんど。正教徒のセルビア系とは異なる文化が根付いた地域だ。しかしセルビア正教の聖地がコソボにあるなど複雑な背景があり、２００８年にコソボが独立を宣言した後も、セルビアは依然としてコソボを自国領土とみなしている。

だからコソボからセルビアへ入国しようとすると、パスポートにセルビアのスタンプではなくコソボのスタンプが押されていることに目くじらを立てて入国拒否をするケースがある。正当な手続きを踏まずにセルビア側が主張する自国領土に無断で侵入した不届き者、という解釈なのだろう。

コソボ側はこのややこしい事情をくみ取って、セルビアからコソボへ入国するのは問題がない。つまり私は、計画を反対に回るのが得策なのだが、もう買ってしまったサラエボ行きのチケットを捨てるのは惜しい。何といってもカードが破損した今、ネットショッピングはともかく、ＡＴＭでキャッシングできない私に与えられた旅の全財産は手持ちの現金、約10万円だけ。あと何ヶ月続くか予想できない旅で、お金を無駄にするわけにはいかない。コソボ行きは諦めた。

サラエボは、浅草雷門の仲見世商店街みたいだった。小さな平屋の店がぎゅうぎゅうに隣り合って、いろんな土産物を売っている。長椅子に座って、お菓子やコーヒーを楽しむスペースもある。そんな喧噪《けんそう》の中に戦争を伝える施設がいくつかあった。

町は山に囲まれた盆地にあって、ユーゴスラビア紛争ではセルビア軍に完全に包囲され、１９９２年から約４年間、毎日のように攻撃された。私の生まれ年は終結直後の１９９６年だから、サラエボの今日に至るまでの復興の歴史は、ほぼ私の人生と重なる。

現在は路面電車や立派な建物が並ぶ大通りも、当時はスナイパー通りと呼ばれ、人々は狙撃兵に撃たれないように走って横切ったらしい。人道支援を行う複数の国連軍のすぐ目の前で、7歳の男の子が撃たれて絶命している有名な写真を見た記憶はないだろうか。そういった状況下で幼少期を過ごした子供たちゆかりの品々を展示する「戦争の中の子ども博物館」もある。

戦時下にあっても、子供たちは遊びに貪欲で、それが故に命を落とす悲劇もあったそうだ。また戦地に残る大人たちにとって、できる限り普段通り生活を送ることは、それ自体が戦争に抵抗する意思表示でもあった。今、ウクライナで生活している人たちも、同じ気持ちなのかもしれないと勝手ながら想像してしまう。

サラエボは、郊外に出ると立派な建物が廃墟化していたりする。中でも代表的なのは1984年のサラエボオリンピックの関連施設。紛争が起こる前にバックパッカーたちが旅した風景と、私が今見ているサラエボはきっとずいぶん違うんだろう。ユーゴスラビア時代のサラエボを旅してみたかったと思うが、過去を体験する方法は古い旅行記を読むくらいしかない。

一つの町がちょっとの時代の違いで全く違う町になってしまうのは、不思議というより恐ろしく、私はすっかり紛争の歴史の負のオーラに飲まれてしまった。

重たいのは近代史ばかりでなく、ブレクもだった。

サラエボのブレクは、中の具材こそセルビアと同じだけど、生地で棒状に包んだのを金属の大きな平たいお皿に渦巻きみたいに敷き詰めて、炭火の窯で焼く。お店によっては、切り分けやすいように四角いトレイで焼いて、ブレクを数本単位で売る店もある。どちらにしても、テイクアウトで紙袋に入れられるとすぐに油染みが広がる食べ物で、お店だとさっぱりとヨーグルトソースみたいなのがかかっていることもある。焼き立てはとってもおいしいのだけど、少し時間が経って冷えると途端に油っこくなる。

夜行バスは国境を越える時、一旦車外へ出なければならないので、細切れの睡眠だった。寝不足の胃にブレクは重すぎた。

私はシャキシャキした野菜を求めて歩いた。

やたら繁盛しているお店があって、チェバプチチのお店だった。それはひき肉を練って棒状にして焼いたもので、レピニャという薄いパンの中を自分で割ってピタパンみたいにして挟んで食べる。お皿にみじん切りの玉ねぎが山盛り添えられていて、ようやく口の中が落ち着いた。

オレンジ色の屋根が並ぶ、迷路みたいな旧市街。山の稜線に敷かれた城壁から見下ろす、エメラルドグリーンのアドリア海。コトルには、ヨーロッパ中から観光客が押し寄せる。

私は人混みと観光地価格の食べ物を避けて海の方へ歩き、面白いものを見つけた。山の裏手に、ジグザグの林道が城壁まで続いている。

実は城壁の正規の登り口は旧市街の中にあって、有料だった。しかしこの林道ならもしかしたらお金を払わずに頂上まで行けるのかもしれない。辿ってみると案の定、城壁の窓に行き当たった。大砲を撃ったりするのに使われたらしい大きな石の窓だ。ハシゴがかかっていて、窓をくぐると城壁の頂上まで繋がっていた。

周りを見ると、家族や恋人連れの観光客も目立つ。羨ましい。

地元の人が重たいクーラーボックスを運んで、数ユーロでジュースを売っている。お客の多くは町のＡＴＭで数百ユーロをポンと引き出してレストランへ繰り出すような観光客で、その対比が寂しい。

城壁の頂上から見下ろすコトルの町は評判通りで、たしかに絶景だった。でも、キレイだ、という以外、特に湧き起こる感情は何もなく、一人で観光地へ来てもどこか満たされないでいた。

子供の頃は見るもの全てがキラキラしていたのに、大人になって心が乾いてしまったのか。いや、眩しすぎて疲れる世界より、砂の中で鈍く光る砂金を探すくらいが、旅としてはちょうど良いのかもしれない。

結局、コトルにいるのは、観光客と、それを目当てに商売しようと移り住んできた人たちで、昔から何代も住んでいる人はほとんどいないようだった。

モンテネグロが旧ユーゴスラビアだった時代の生活について教えてくれる人は、帰りのバスで現れた。曰く、国が大きかった頃は仕事もたくさんあって豊かな生活が送れたのに、こうしてモンテネグロという一つの小国になってみると、経済の勢いがすっかりなくなってしまって、儲かるのは観光業一辺倒。だから、当時のカリスマ独裁者チトーの時代は今よりずっと良かった、という話だった。

私はユーゴスラビアの人々はみんな嫌々団結させられていたんだと解釈していたから、一部にはこうした好意的な意見があるなんて全く予想外だった。

ベオグラードの隠れた名スポット。ドナウ川沿いのサイロがアートスペースに改装されて、ビールの醸造と養蜂も行われている

コトルの城壁に繋がる秘密のハシゴ

ジェルダップを越えろ（セルビア後編）

この本は歴史の本ではないのでチトーの詳しい話は置いておくとして、ドナウ川に大きな変化をもたらしたのもチトーだったことは記しておきたい。

ドナウ川最下流にして最大の水力発電所および水門ジェルダップはチトー政権下で建設されたものだ。別名「アイアンゲート」と呼ばれるその存在感は圧倒的で、ジェルダップの建設に伴いドナウ川の底に沈んだ島もある。アダ・カレと呼ばれる島で、150世帯が暮らしていたそうだが、1970年代初頭にすっかり川底に沈んでしまって、今ではその真上を船や私のようなカヤックが通行している。

現代であれば環境と文化の保護の観点から、それだけ大規模な工事に反対運動が起こりそうだが、1964年のニューヨークタイムズ紙曰く、ジェルダップの建設計画を祝って1万人の群衆が集まり、チトーの名前を叫んで歓喜したという。

というのも、ジェルダップはドナウ川を境にルーマニアとセルビアの国境に跨っており、複雑化していたバルカン諸国に新たな絆と近代化を生む象徴的なプロジェクトとしてもてはやされたからだ。

「カヤックでジェルダップをどう越えるつもりなのか？」

あちこちでセルビア人に聞かれたが、むしろ私が教えてほしかった。いったいどれだけ大きなダムなのか。広い川幅のどちら側に水門があるのか。よく知らないので不安だが、まあなんとかなるだろう。

実際に行ってみると、その巨大なコンクリートの塊がドナウの大河をせき止めている様はもはや破壊的な迫力で、ついグロテスクな想像をしてしまう。タービンの入り口に水が吸い込まれていく。もしあそこに人が巻き込まれたら、どうなってしまうんだろう。こんな場所をカヤックが通行するなんて建設当時は想定していなかったのか、カヤックが上陸できそうな土手や迂回路は何もなかった。

管理棟に電話をしようにも、こういう時に限って携帯の調子が悪く圏外の表示。後で知ったが、計画的なカヤッカーは事前に電話して通過予定時間を知らせておくらしい。

私はジェルダップの管理施設に続くコンクリートの壁にハシゴがかかっているのを見つけた。とりあえず、カヤックが流されないようにしっかりロープで繋いで、登ってみた。すると警備員がやってきて、川へ戻れという。敷地内はやっぱり立ち入り禁止らしい。彼は英語が喋れない。私はセルビア語が話せない。だけど彼がちょっぴり怒っていることは伝わった。

水門の手前には巨大なコンクリートの円柱が数百メートルにわたって等間隔で一直線に並んでいた。柱に手すりがついているから、それを掴んでカヤックで浮いたまま待機しろと身振り手振りで指示された。後から来る艀《はしけ》と一緒に水門を通してくれるらしい。

しかし待てど暮らせど艀は来なかった。ちょっと風が出て肌寒くなってきた。クッキーをかじって気を紛らわし、水筒の温かいミルクティーを飲む。

すると突然、柱の影から巨大な船の先端が覗いた。私たちはお互いに柱の死角に入っていてあっ、と思った瞬間には遅かった。間髪入れずに強力な水の噴射が私のカヤックを真横から直撃した。直前まで、艀は全くの無音だった。水門のすぐ手前まで来ると、もうほとんどエンジンを吹かさないのだ。だけど船の停船位置を微調整するために横噴射する機能があって、私はそれをもろに食らった。

自分でもなぜあれで転覆しなかったのか不思議だ。驚いたのは私だけでなく艀の乗組員たちも同じで、事態を把握して「まさか」と言うように両手で天を仰いだ。

ようやく水門の入り口の扉が開いた。それから、道路みたいに信号機が青に変わった。さっきの艀に続いて私も入ろうとすると、待てと静止された。まだ他に大きな船が来るらしい。何隻かの船をまとめて一度に効率良く水門を行き来させるため、みんな揃ってから最後に私の順番が回ってきた。

扉の中は、オーストリアの水門で見たのとほとんど同じ、殺風景なコンクリートの壁に囲まれた巨大なプールがあった。仕組みも同じだが、大きい分、排水作業がやけにゆっくり感じた。しばらくして、ようやく出口が開いた。

なんということだろう。

扉の先には、ドナウ川はなかった。

そこには私がさっきいたのと全く同じ景色が再現されていた。ジェルダップはその大規模な水力発電のために上流側と下流側でかなりの落差を設けていて、一つの水門では調整が間に合わないらしい。だから、水門を二つ繋いで段階的に船を通過させる二段階水門が採用されていた。

結局、ジェルダップに到着してから最後の出口を通過するまでにかかった時間は3時間。ドナウ川下りの初期の迂回路の苦労を思い出すと、この大きなダムをカヤックで通過できた達成感は格別だ。

ドナウにキラリと輝く思い出になった。

トンネルみたいなジェルダップ水門

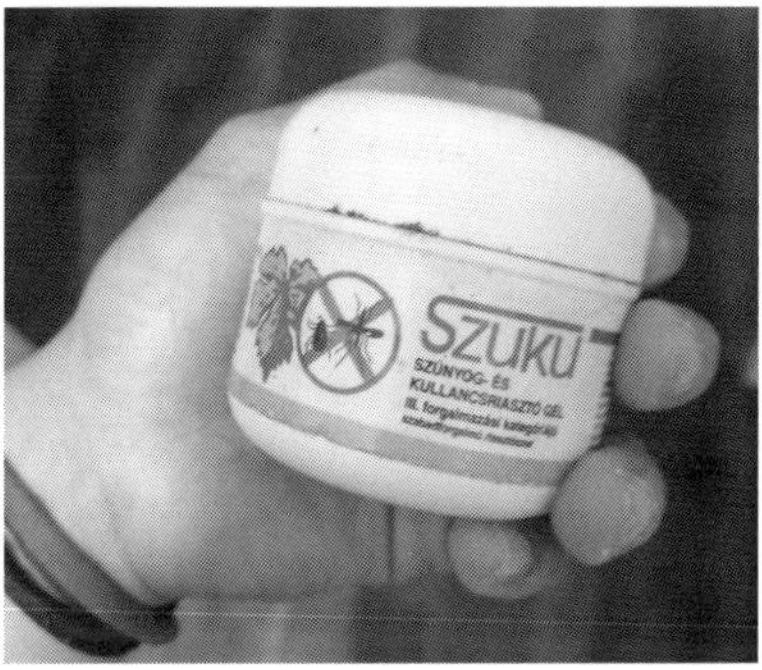

セルビアの虫よけクリーム「スズク」。ドナウ川で釣りをするおじさんたちの間で絶大な人気を誇っていた。確かによく効く

スマホより正確な腹時計

スマホの時計が急におかしくなった。確かに1時間くらい漕いだのに、時計が進んでいない。

セルビアとルーマニアの間には時差があって、ドナウ川沿いに国境を接している区域では、なぜだかセルビアの町にいる間もルーマニアの電波を拾ってしまうことがある。ルーマニア時間で漕ぎだして、再びセルビアの電波を拾うと1時間戻るので、なんだか得した気分にはなるが、こうなると腹時計の方が決まった時間に鳴るので信用できる。明るくなったら起きて、暗くなったら寝る。毎日これを繰り返すだけだから、数字の上で今が何時なのかというのは、本当にどうでもいい問題だ。

こんな生活を続けられるくらいだから、私の職業はどれだけ漕いできてもやっぱり無職のままだけど、仕事が全くないわけではない。日本のラジオ番組から、突然の出演オファーが来た。しかも生放送。電波が入って、かつ環境音が静かな場所を探して、町外れの砂浜に行きついた。テントの中からスマホの国際電話でラジオに臨む。これぱっかりは時間を間違えてはいけないので、腹時計に頼らず、日本の時刻を入念に確認した。

ドナウ川のような大河は日本にはない。そしてその雄大さを最も象徴する区域こそ、セルビアとルーマニアの国境地帯にあるジェルダップ渓谷だ。

ドナウ川が突然、広い湖に出た。いや、正確にはそれは湖ではなくて川が太くなっただけだが、なんと川幅は最大で約5キロもある。カヤックでも座礁しそうなくらい浅い箇所もあって、少し風が吹くと波が立つ。小型船にとっては天候に特に注意が必要な難所だが、無風の時はドナウ川が巨大な鏡になったみたいで圧巻だ。ここを抜けて渓谷に入ると、今度は川幅がぐんと狭まる。約5キロもの川幅を満たしていた水量が一気に集まって、70～90メートルくらいの水深を記録する。ドナウ川で一番広くて浅いところと、狭くて深いところが国境を流れていた。

渓谷には不思議な見どころがたくさんある。まずは、バルーンステーション。その昔、川幅が狭すぎて大型船のすれ違いに困難を生じたため、風船のような球体をシーソーみたいに上げ下げして通行の合図を送っていたらしい。

それから、古代ローマ帝国に抵抗した古代地域ダキヤの最後の王様デケバルスを模した巨大な顔面。これはヨーロッパの崖に彫られた石像としては最大らしい。

その近くにはカヤックでなんとか通れるくらいの岩の裂け目があって、中に全長1・6キロもの洞窟が続いている。ここに巣を持つコウモリたちの声なのか、それとも洞窟をかすめる風のせいなのか、時々、漆黒の闇の中から犬の遠吠えのような音がする。まさに「ドナウの犬鳴き」だ。

渓谷で一番の見どころは、石器時代のレペンスキビール遺跡。8000年も前の史跡で、3人程度が住める藁屋根みたいな円錐状の小さな家をいくつも建てて集落を築いていたとされている。特徴的なのは顔みたいな岩の彫刻で、目は丸く、口は半開きで口角を下げている。当時の人々はドナウ川の魚をよく食べていたので、この人形も魚を模して造られたんだと、学芸員さんが教えてくれた。

集落はむやみに拡大せず、少人数で暮らしていたそうで、家長や位の高い人は家の下に埋葬する習慣もあったという。その際、遺体はドナウ川と平行に安置され、頭部は下流へ向けられた。魂がドナウ川とともに流れるように、という願いを込めて。

現在でも遺跡の足元で寝泊まりをしている人たちがいる。古いキャンピングカーを並べて別荘みたいにして、休みの日に釣りをするのだ。小さな家を工夫したり、魚釣りをしたり、そんなふうにして、現代版レペンスキビールの生活が営まれている。

ジェルダップ渓谷の崖に彫られたデケバルス像。この像を見るために訪れる観光客も多い

ドナウを空から見下ろして

セルビアには古い要塞がたくさんあって、私が思うにそれらを満喫する一番の方法はカヤックだと思う。ヨーロッパの要塞建築を観光しにセルビアを訪れる人は少ないかもしれないが、ドナウ川からすぐにアクセスできるものだけで、上流から順にペトロバラディン、カレメグダン、スメダラバ、ラム、ゴルバツの5つの有名どころがある。

これだけ要塞が集中しているのは、やはりオーストリア・ハンガリー帝国とオスマン帝国が戦いを繰り広げていた時代、ドナウ川を侵攻の要にしていた背景によるものだ。

ペトロバラディンは全長16キロにも及ぶ用途不明の地下道を秘めている。倒壊、水没している部分もあり、いまだ全貌は明かされていない。

カレメグダンはドナウ川とサバ川が合流するベオグラードにあって、攻撃者たちは川から近づいて大戦争島という中州を拠点に攻防を繰り広げた。

ゴルバツだけは、要塞と現在の町の位置がやたらと離れているのだが、それは要塞が陥落して逃げた住人たちが少しだけ離れたところに集落を築いて栄えたのが理由とする一説もある。

あまり人気はないけれど実際に訪れて楽しかったのはスメダラバで、史跡なのにほぼ直接カヤックで乗りつけて、すぐ近くで釣り人に交じって野宿もできる。驚くことに、要塞の入り口をくぐると、なんと中が陸上競技のトラックになっていた。周りの芝生には馬までいて、地元の人の憩いの場になっている。

どこからか聞こえてくる音楽に誘われて別の門をくぐると、中世ヨーロッパを思わせるドレスと、左右同型の薄い革の靴で踊る女の人たちがいた。鎧をつけて決闘をしている集団もいて、近くで子供たちが鞭の使い方を教わっている。この催し物を知らずに訪れたけれど、まるでＲＰＧ（ロールプレイングゲーム）の世界だ。

セルビアの楽しさはまだ尽きない。ある時、空にパラグライダーが飛んでいるのが見えた。近くに山や丘はない。一体どこから飛んでいるんだろう。プロペラでも背負っているんだろうか。でもなぜかそれはほんの短時間だけ空に浮かんだかと思うと、林の向こうに消えて、そしてまたすぐに別の色のがフワフワと空に浮かんでいった。普通のパラグライダーじゃない。一体何をやっているんだろう。

好奇心のままにカヤックで上陸すると、そこは古い飛行場だった。と言っても滑走路はなく、ただ平たい芝生の広場に人がたくさん集まっていた。見ると、パラグライダーを背負った人が長いロープで車に繋がれていて、車が走り出すとその人は凧揚げみたいに空に浮かんでいった。ある程度高度が出たところでロープを切り離し、左右へフラフラと切り返しながらストンと地上へ降り立つ。その足元には丸い的があった。パラグライダーで狙った的に正確に着地する競技らしい。

いいな、いいな。私も空を飛んでみたい。

高校生の頃、人力で陸海空を自由に移動できる人になる、という夢を抱いたことがある。叶えられっこないと諦めていたけれど、陸は可能だし、水辺はカヤックで移動できるし。後は空を飛べるようになるだけだ。

羨ましくて空を見上げていると、参加者の一人がタンデム飛行に誘ってくれた。私は初めて空を飛んだ。3歩走って4歩目には空気を蹴っていた。ぐんぐん高度が上がっていく。ドナウ川がどこまでも続いているのが見えた。写真や映像なんていくらキレイに撮れてもただの記録で、本物には敵わない。風と空気が、まるで一つの塊みたいに私の体を全方向から包んでいた。

今大会の運営元としては、パラグライダー競技こそ男女の性差なく競えるスポーツであるとして、いつかはオリンピック競技にと考えているというが、現在セルビアには300人くらいしかパラグライダー人口がないらしい。一番の問題は、やはりお金がかかるスポーツであるということ。しかし意外にも、私をタンデムしてくれた男性は、町工場で働く一般人らしい。

「子供の頃から、空を飛ぶのが夢だったんだ」

彼はずいぶん大人になってから、お金を貯めてパラグライダーを始めた。空で遊んだ分、また明日から頑張って働かなくちゃね、と呟く彼の笑顔は、澄んだ晴天よりもまぶしかった。

アウトドアとラグジュアリーの両立

川下りの旅といってもやり方はいろいろあって、キャンプと自炊をしないで下り切る人もいる。

２０２２年５月某日、ブルガリアへの国境越えを控えた頃に出会ったカヌー旅のフリッツさんとオドリケさんご夫婦は、カヌーを町に置いて、ホテルやモーテルに泊まりながら旅をしている。テントと調理道具は持っているけれど、今年はまだ一度も使っていないらしい。

二人はやはりドイツから黒海を目指しているが、同じ行程を一回の旅行で済ませようとしている私と違って、複数回に分けて漕いでいた。一昨年は新型コロナウイルス感染拡大の影響もあってドイツからオーストリアまでで切り上げて、去年はその続きをセルビアまで。それから今年は残りを黒海まで漕ぐつもりでいたが、ウクライナ情勢を鑑みて黒海のすぐ手前で一旦止めて、また来年以降ゴールしようという計画だ。

昔から夫婦でカヌー旅をするのが好きで、毎年交代で行きたい場所を指定しては数週間休みを取って旅行しているらしい。

日本では数週間の休みなんてなかなか取れないけれど、ヨーロッパではバカンスの習慣がある。それどころか一年くらいのサバティカルという休みを取る人までいて、これはアメリカだと主に大学教員に与えられるもので、ヨーロッパだと一般企業にも浸透しているらしい。ヨーロッパの人はなんて怠け者なんだと呆れる人もいるけれど、できることなら働きたくなんかないのがほとんどの人の本音ではないだろうか。

私たちは、セルビアのプラホボという町で出国スタンプをもらうまで、一緒に漕ぐことにした。

そこはとある工業地帯に紛れた、交番みたいに小さな入国管理局だった。敷地は石垣の上にあってフェンスで囲まれていて、そのヘリのギリギリを川に落ちないようにカニ歩きした先に入り口があった。中で一人で勤務しているお姉さんは、よほど暇なのか、ブラウン管テレビにドラマを映していた。カヤックやカヌーでわざわざここに来る人はほとんどいないようで、彼女は出入国スタンプなんて必要ない、と言った。そんなわけはないと困惑していると、本部に電話して聞いてくれて、やっぱり手続きをしてくれることになった。

しかしそれは良いとして、この入管がある近辺にはホテルもお店もないらしい。

「ほ、本当に、本当に何もないんですか？」

オドリケさんが食い下がったが、最寄りの隣町まで漕いでも、過疎地で本当に何もないという。

こんな時、彼らはどうするのか。なんとテキパキとタクシーを手配した。これでホテルがある町まで移動するのだ。

そうか。アウトドアの旅がストイックな苦行である必要はないんだ。少しお金を使って工夫して、自分が好きなように旅をアレンジして良いんだ。

まだ私にはできないけれど、新しいアウトドアの可能性を見せてもらった。

カヌー旅のオドリケさんご夫妻と

私のカヤックとカヌーの比較。カヌーの方が、かなり大きい。旅が終わったらトレーラーに乗せて車で家に運ぶ

ビディンの宴会文化（ブルガリア）

近頃海外では、タイニーハウスと呼ばれるコンテナハウスみたいな小さな家が流行している。余計な贅沢を省くミニマリスト的な生活を美徳とする考えと、コロナ禍以降、海外のあちこちで起こっているインフレに伴う賃貸価格の上昇の煽りが理由と言われるが、蓋を開けてみると一戸2000万円近くするものも活発に売買されている。こうなると節約効果はない。

ところで、とんでもなくボロくて汚いのになぜか長居してしまうコンテナがドナウ川にはあった。ブルガリアのビディンにあるカヤッククラブである。

そこはドナウ川を見下ろす斜面の中腹に3つくらいのコンテナを置いて改築されたもので、扉を閉じてしまえばまさかカヤッククラブがあるとは誰も思わない。私も危うく素通りするところを、たまたま出艇してきたお兄さんが声を掛けてくれた。

「黒海へ出るんでしょ？　うちで休んでいきなよ！」

ブルガリアまで来て大荷物のカヤックでドナウに浮かんでいるのは、黒海を目指す旅人と決まっているらしい。

彼が指さしたのは岩だらけの浜の向こうにある、錆びた急な鉄階段。このカヤッククラブの人たちは、毎回この階段をカヤックを担いで上り下りしている。上に続くコンテナ、もといカヤッククラブには空調はなく、中に一歩入ると夏の直射日光に温められた熱気にムワッと襲われる。

テーブルの上の灰皿はいっぱいで、お酒の瓶が転がっている。壁にかけられた時計はなんと手作りで、４つの時刻が示されていた。漕ぐ、呑む、宝くじを当てる、掃除。ちなみに時計の針が「掃除」の時間を示すことはない。ヤニとホコリのニオイがこもっていた。

一般的なカヤッククラブと違って、ここにはシャワーはない。トイレもない。なのに以前ここに立ち寄ったカヤックの旅人は、１週間も居候したらしい。失礼ながら、まさかこんなところで、と思ったが私もまんまと二の舞になってしまった。

メンバーが集まって毎晩のように飲み会をするのだが、じゃあ明日も飲もうか、の繰り返しでズルズルと長居してしまうというカラクリだった。

ブルガリアの飲み会の習慣は、どことなく日本っぽい。今まで行った西洋の国には、あまり飲み会らしい習慣がなかったように思う。食事をしながらお水の代わりにワインを軽く数杯飲んだり、バーに行って飲むにしてもナッツなど簡素なものをつまむ程度。それに対しブルガリアの人たちは、あれこれいろいろなつまみを食べながら、二次会、三次会とダラダラ長く飲むのが好きだった。

まず定番は、小魚のフライ。これは頭ごと食べる。屋台でフライドポテトを買ってくることもあるし、店に入れば少量のおかずを何品も頼んでみんなでシェアする。これは後で知ったのだが、メゼと呼ばれる小皿の前菜をたくさん並べて強いお酒を飲む習慣がトルコにあり、オスマン帝国に統治されていた時代があるブルガリアを含むバルカン諸国の食文化はトルコと強く影響し合っていた。

例えばブルガリアが発祥とされるショプスカサラダは、トマトとキュウリと玉ねぎの上に酸っぱいチーズを散りばめた一品で、特に夏はバルカン諸国及びトルコでサラダを頼むとほぼ必ずこれが出てくる。

それからブルガリアの伝統料理と言えば、タラトール。これはヨーグルトとキュウリの冷製スープだが、オスマン帝国ではタラトールはクルミとお酢とニンニクを合わせたソースのようなものだったらしい。

なぜ日本人はみんなブルガリアに来るとヨーグルトを欲しがるのかと不思議そうに聞かれたが、それはあのテレビCMのせいで、いくらブルガリアだからって毎日みんな大量にヨーグルトを食べているわけではない。ブルガリアには、ヨーグルト以外にもおいしいものがたくさんある。

ボスニアで見た肉料理のチェバプチチはブルガリアでも健在だった。語源は小さなケバブで、15世紀前後にオスマン帝国から伝来したと言われている。他にも、メゼと言えばブドウの葉などで肉や穀物を包んだサルミがあるが、これもかつてオスマン帝国の一部だった地域でよく食べられている料理だ。ちなみに私は、サルミに辿り着いた頃にはすっかり酔っぱらっていて、肝心の味は覚えてない。

東ヨーロッパにはトルコを起源とする料理がたくさんあるが、きっとトルコへ行けば中東を起源とする食べ物がたくさんあるのだろう。文化の起源は東へ伸びていく。そう考えると、私はいつか中東を旅しなければいけない気がしてしまう。中東の国々を大河で旅するには、やはり、ユーフラテス川だろうか。チグリス川も捨てがたい。妄想が進むのは、やはりお酒のせいに違いない。

私をカヤッククラブに招き入れてくれたお兄さんは、ブルガリアの男はみんな火起こしが上手なんだ、と得意げに言うと、さっき拾ってきたばかりの流木を派手に燃やし、熾火《おきび》になったところでバーベキュー台をセットした。カヤックに乗るたびに近所で流木を拾ってくるのがマイルールだそうで、もはやバーベキューをするためにカヤックに乗っているとも言える。

しかし彼は意外にもお酒はほとんど飲まなかった。車掌をしているからだ。明日の朝、首都ソフィアへ向かう電車を運行するらしい。偶然にも、それは私が乗る予定の電車だった。

私は無職になって、いろいろと将来を考えるうちに、もう一度大学に通い直すことを選択肢に入れるようになった。いつまでモラトリアムを引き延ばし、お金を稼ぐことから逃げ続けるのかと社会人の先輩に叱られたが、私は本気だった。それでドナウ川下り中も各国で大学見学していて、ソフィアもその一つだった。カヤック旅をしながら学校見学に来る入学希望者は珍しいみたいで、どこの大学を訪ねても毎回、「格好がすごくアウトドアですね」と指摘されるが仕方がない。

ソフィアの大学はあまりしっくりこなかったけれど、それよりも、日本人が経営しているラーメン屋さんが抜群だった。海外のラーメン屋さんだからと期待せずに豚骨ラーメンを注文したら、もったりクリーミーでとても美味しかった。しかも壁には、「冷やし中華始めました」の貼り紙。日本語で書いてあるからきっと誰も読めないので、ただの飾りかもしれない。半信半疑で尋ねると、本当にメニューにあって、結局冷やし中華も食べてしまった。

ビディンに戻って4日目の朝、いい加減、食べ過ぎの飲んだくれ生活は卒業してそろそろ漕ごうかとカヤックを川に浮かべたちょうどその時、大柄の男がやってきた。彼の名前は、トニー。カヤッククラブのリーダーだ。もう1日待て。明日、俺も一緒に下る。と彼は言った。

今度の祝日と病欠を合わせて仕事の連休を取り、下流に住むカヤック友人のところまで2泊か3泊、一緒に漕ごうという誘いだった。ちなみに病欠とは仮病だ。そして彼は町の裁判所で働く正義の裁判官だ。しかしこの小さな町では大した事件も起きないので、ちょっとくらい休んでも問題ないのだという。

彼がどこまで本気かわからなかったが、旅は道連れと言うし、悪くはないだろうと合意した。しかしその晩、トニーを交えて飲み会をして、彼はお酒が入ると典型的な面倒くさいオヤジに変身すると判明した。

質問に対する回答はいちいち四択クイズで焦らしてくるし、日付を回っても、もうあと1軒、ほんとに最後だからもう1軒と引っ張って、私がいくら眠いと言っても聞こうとしない。「自分は3時間睡眠で裁判やってるんだから、君みたいな若者がこの程度で眠いわけがない。君はもっと自分の殻を破るべきなんだ。それともよっぽど俺と飲むのが嫌なのかい?」と本当にもう、面倒くさい。

彼は飲めば飲むほど、強引になる男だった。カヤックはタンデム艇に乗り換えて2人で漕いで、私のカヤックはトレーラーに乗せて別のクラブメンバーに車で運んでもらおうと言い出した。私は嫌だった。だけど彼は、シングル艇では遅すぎて、とても目的地まで時間内に到着できない、インポッシブルだと主張して譲らない。

その翌日、正午に一緒に出航する予定だったのだが、あれだけ飲んだ後だと無理なんじゃないかと11時半頃に一応トニーに確認の電話をすると「今日は行けない、やっぱりタンデムにはガールフレンドを乗せて、それから新たにもう1人シングル艇で別のメンバーを加えて合計4人で明日出発しよう」と言い出した。ひとまず彼とのタンデムは回避された。

もうこれ以上待てないから、と私だけ先に出発しても良かった。でも、このカヤッククラブには古いフォールディングカヤックがたくさんあった。フォールディングカヤックはドイツ語でファルトボートと呼ばれていて、その起源はドイツ人のクレッパーさんという人が1907年に発明したものらしい。その後いろんなメーカーが製作したけれど、どれも今では珍しい乗り物で、本場ドイツのカヤッククラブでもほとんど見かけなかった。それがなんとビディンのコンテナ倉庫には何艇もあって、よく手入れをしながら乗り続けられていた。

きっとみんな良い人たちだから、一緒に漕いでみたいと思った。

一方で不安もあった。トニーの計画では170キロを3日で漕ぐが、日中はずっと川に浮かんでいることになるだろう。これを普通の女性にいきなり強いれば、よっぽどガールフレンドとラブラブでも破局するだろう。

翌朝、またもトニーは約束の時間に現れなかった。当初は8時出発と言っていたのが8時45分集合に訂正され、しかし9時30分になっても誰も現れなかった。もう勝手に出発してしまおうと準備を始めた10時頃に電話が鳴って、ガラガラ声のトニーが発熱して行けないと言った。

それからすぐに別のメンバーから、「先に言っておけば良かったね。たぶんこうなるって思ってた。トニーのバカな旅のアイデアのために2日も無駄にさせてしまった」と謝罪があった。つまりたぶん、仮病で取った休みの予定を、また仮病で蹴った、ということだろう。

私の旅程は想定よりかなり押していた。でも、戻る職場も家もないからいくら延びても問題ないと、何でもないような町に何日もダラダラ滞在することが増えて、ビディンもそうだった。だけどこの一件があって、だらしない旅をするのは良くないと心を入れ替えた。ちゃんと毎日、どこまで進むか計画を決めて漕ぎ進めると誓った。

天候に左右されることはあれど、毎日いくらかは漕いで必ず新しい場所でテントを張って過ごすようにすると、今までと打って変わってとても生産的な旅になった。教会だったり、市場だったり、毎日何かしらの観光地に行き着いた。私も本気を出せば計画通りに一日を終えられるのだと、自分で自分を褒めたい気持ちになった。だけどそれが一週間も続くと、どこか虚無感を感じるようになった。計画通り毎日を遂行することが作業のようで、まるで旅をしている実感がない。急に旅がつまらなくなってしまった。

ルゼのヨット乗り

漕いでいる途中で風が強くなってきたので、予定していなかったルゼという町の堤防の裏に逃げ込んだ。そこにはヨットクラブの看板があった。といっても、係留されているのは古い小さな釣り船ばかり。だけどその中に一隻だけ、港の男が何人も集まって声を掛け合い、マストを立てようとしているのがあった。

ドナウ川で帆を張って進むヨットを見たことがなかった。ただ、川もそろそろ河口に近くなって低い橋もなくなるので、ここでマストを立てようとしているのだろう。町でビールを買ってきて差し入れると、上機嫌にいろいろなことを話してくれた。

彼らはベルギーからヨットで旅をしている二人組で、名前はティムとヤン。ヨーロッパ内陸部の水路を乗り継いでドナウ川に出て、これから黒海に向かい、それから地中海など西へ向かって海岸線沿いに進み、ベルギーに戻るという。

船長のティムは面白い男だった。なぜティムがこのヨットの旅を思いついたのか、そこには彼の濃いアウトドア遍歴があった。ティムはもともと馬術競技の馬を世話する仕事をしていたらしい。すると、他の動物の世話もしてみたくなった。この時ちょうど30歳目前で、当時募集していたアラスカの犬ぞりレースの訓練プログラムに年齢制限ギリギリで応募できると知り、彼はトントン拍子にアラスカで最長の犬ぞりレースに参加してしまった。

「レース中はゴーグルが外せないんだ。外してまばたきしたら、まつげが一瞬で凍って目が開かなくなってしまうんだ」

ではそうなった場合、どうするのか。手で顔を覆って、ハーッと温かい息を吐いて〝解凍〟するらしい。

当時ベルギーからの参加者は珍しく、地元の新聞に「ベルギーの弾丸」として紹介されたが、彼の成績はビリだった。彼は懐かしそうに言った。「アラスカの酒場には、指がない男がたくさんいるんだよ」。家と酒場を行き来するのにスノーモービルを運転するのだけど、途中で故障して酔っぱらったまま立ち往生し、運良く凍死しなかったものの凍傷で指を失った男たちらしい。

　彼自身は大きな事故やけがなくレースを終えられたが、自分の車に戻ると、こちらは寒さに耐えられなかったのか、故障していた。彼は本当は、その車を運転してメキシコまで旅をする予定だったのだが、仕方なく飛行機で南米に向かうことにした。

　犬ぞりレース中の気温はマイナス50度近く。それが南米に着くと今度は気温が40度くらい。一気に90度もの気温の変化を乗り越えて、遠路はるばるやってきた南米に、ヨットとの出会いがあった。

　彼は、楽しみにしていた車旅行がダメになって、せめてベルギーに帰る前に何か別の冒険がしたいと考えた。それで、インターネット掲示板でトリニダードトバゴからヨーロッパへヨットで旅するのに、手伝いをしてくれる乗組員を募集しているのを見つけたのだ。

　ヨットというと、どこか優雅なお金持ちの乗り物というイメージがある。だけどトリニダードトバゴには古くなって放置されたままのヨットがたくさん浮かんでいる港があるようだ。係留代金が何年も支払われていないヨットなんかは、その滞納金を肩代わりすればヨットを売ってくれる。おそらく最もお得にヨットを買える場所だと彼は言う。

ティムが乗ったヨットもそういう廃れた港にあって、日焼けした海賊みたいな船長の下で手伝いをしながら操船技術を習った。そしてもうすぐヨーロッパへ着く頃になって、船長からもう一回自分と航海してくれないかと打診された。次回は良い給料も出るらしい。だが、ティムはこれをキッパリと断った。航海の途中で、この船長の本職は危ない運び屋だと気が付いたからだった。

しかしこれをきっかけに船の面白さに目覚めたティムは、その後タンカー船の乗組員になったり、運河に座礁した貨物船を救出する会社に勤めたりした。彼が見せてくれた映像に、荒波の中、エンジントラブルで故障したタンカー船を救出する様子を操縦室から撮影したものがあった。事故後に保険会社に提出するための証拠映像だ。

甲板に小さな人影が並んでトコトコ歩いている。すると、大きな波を被って、みんなあっけなく転んで流されてしまった。まるでおもちゃの人形みたいに。でも、すぐに起き上がってまたトコトコ歩いていく。彼らはなんとか定位置まで辿り着くと、大きなバズーカみたいなのを難破船に向けて発射した。バズーカには丈夫な綱がつながっていて、救助船と難破船が横づけできるように補助する役目があった。しかしこんな危ない仕事はいつまでも続けられるものではない。仕事を辞めた彼はいつしか、ヨーロッパを代表する大河ドナウ川を自分のヨットでのんびり旅してみたいと思うようになった。

彼の話をひと通り聞いてから、私も自己紹介をした。名前、年齢、出身地。カヤックでミシシッピ川を旅して、そして今はドナウ川を漕いでいると伝えると、彼はニヤリと目を細めてこう言った。

「じゃあ次は、アマゾンだね。各大陸の川を漕ごうとしているんでしょう?」

ティムは全てお見通しで、実はアマゾン川を河口まで下ったことがあるという。

「あの時は、南米を飛行機で移動する予定だったんだ。だけど、地元のおじちゃんがアマゾン川を指さして、言ったんだ。『川があるのにどうして空なんか飛ぶ必要があるんだい？』って」。彼は、なるほどその通りだ、と道路もつながっていないような、ボートでしか行けないアマゾン川上流の町を出発地点に河口まで下る計画を立てた。川も海も自分で自由に航海できるんだから、飛行機なんか乗るのはつまらないと言い切った。

ヨットにいつか乗ってみたいというのは、私の夢の一つだった。そう、私には夢がたくさんある。

欲張りに思われるかもしれないが、夢をたくさん持っておけば、どれか一つくらいは叶うだろうから、というやや後ろ向きな意味をここには含んでいる。これは私なりに「人生の回転ずし大作戦」と呼んでいて、一番好きな高級ネタが回ってくるかは運と懐次第だけれど、そこそこ食べたかったネタを腹八分目まで食べられたら満足しよう、という庶民的な感覚だ。

正直言って、私はヨットに乗るという夢よりも、純粋にティムと一緒に旅がしてみたくなった。こんなに面白い男は、そうそういない。私はフォールディングカヤックを折りたたんで甲板に載せ、しばらくヨットに居候させてもらおうと決めた。ティムと、ヤンと、犬のロキと、それから私。一人旅から一転、3人と一匹の旅になった。

ヨットは、1970年代に造られた古いもので、たったの6000ユーロで購入したらしい。仲間に加えてもらってわかったのは、このヨットは、動かしている時間より修理に費やす時間の方がずっと長いということ。黒海で海水に出る前に、あちこち修理しているのだが、まるで終わりがない。ただ、幸い船のエンジンが古いが故に造りが単純で、自分たちでも修理がしやすいという。ヨットの旅人になるには、DIYスキルが必要不可欠なのだ。

同じ川を下るのでも、カヤックとヨットでは全く違う。

例えば、砂浜。カヤックは、砂浜にそのまま乗り上げてキャンプができる。だけどヨットはキールと言って、長い腹びれのようなものが船底に生えているので、浅いところには行くことができない。カヤックだったらちょちょいと寄り道して遊べるところが、ヨットでは難しかったりする。

港を利用するのも、カヤックであればスロープを利用して上陸し、そのまま無料で置かせてもらえるが、ヨットの場合は利用料が高い港と安い港があるので事前に見極める必要があった。一方、ヨットの旅だからこそ上陸できる場所もある。彼らの国の言葉でポントンと呼ばれる浮島だ。水面からは高さがあるので、カヤックを横づけしてわざわざ上るのはあまり現実的ではない。

ポントンは、キールがある船でも底をぶつけないで安全に係留できて、岸までは栈橋で接続している。川沿いのレストランが所有しているポントンもあり、運が良ければ無料で使わせてくれて、しかもパーティーのために大量に用意した料理の余りなんかをご馳走してくれたりする。

ある時は、ナマズが寸胴鍋いっぱいに煮詰めてあって、好きなだけ食べて良いと言われたので、ジブリアニメみたいに貪りガッついた。テーブルにいろんなソースや薬味があって、一度にたくさん作った煮込み料理なので、それはそれは美味しかった。このポントンは川岸のバーと直結していたので、その晩はナマズのお礼にビールをたくさん飲んで売り上げに貢献した。

ベルギー男性は、日本女性より体積が大きい。そんな彼らと同じペースで飲んだら、当然、酔っぱらう。そしてビールなので、トイレがとっても近くなる。一回行ったらもう止まらない。何回も行く。

船内のトイレは寝室にあった。ティムは寝室で寝て、ヤンはリビングで寝る。そして私は、リビングの隅に設けられた物置兼、狭小カプセルホテルみたいな細長いスペース、通称犬小屋で寝る。ティムが寝ている寝室の扉を開けて用を済ますのは気が引けるので、私は深夜のトイレは可能な限り陸に戻って公衆トイレを借りて済ませていた。

そして、事件が起こった。桟橋を歩いて公衆トイレまで行くのが面倒になった私は、どうせ誰も見ていないからと、ポントンのへりにお尻をむき出しにしゃがんで用を足した。これ自体は、正直たまにやるので慣れた行為だった。ところが、酔っぱらって平衡感覚を失っていた私は、用を済ませて立ち上がったらそのままフラフラと視界が歪んで川に落ちた。ズボンも上げ切らないままの状態で、ポントンとヨットの隙間に落ちたのだ。

ドボンッとすごい音がした。水は冷たかった。一瞬で酔いが醒めた。ポントンの壁にぶら下がっていた古タイヤをとっさにつかんでよじ登り、濡れた衣類を絞って干して、着替えてまた何事もなかったかのように寝床に戻った。

翌朝、冷静に考えてみると、もし波や風にヨットが煽られている状態で、ヨットと壁の間に落ちたら、そのまま挟み込まれて下手したら死んでいたかもしれない。昨晩、変な音が聞こえなかったかとヤンに尋ねると、彼はしばらく沈黙を置いて、イエスと答えた。くそー、間抜けすぎて恥ずかしいが、聞こえていたなら仕方ない。観念して事の顛末を報告した。すると彼は驚いて、本当はそんな音は聞こえていないと言った。私が言いにくそうに尋ねるので、なにか面白いことが起こったに違いないと、イエスと答えたのだった。

「本当に危ないからさ、落ちたらまず大きな声を出して助けを呼びなよ」。彼はそう言ったが、あれだけ派手な音を立てて落ちたのに、二人とも熟睡して気が付かなかったんだから、声を出しても意味がなかったと思う。

人生は良い時もあれば悪い時もあるので、私はいちいち一つの出来事に一喜一憂して感傷的になり過ぎないようにしている。

夜のドナウ川にお尻丸出しで落っこちたことで悪運を使い果たしたのか、6月某日、思いもよらぬ吉報を受け取った。日本旅行作家協会が選ぶ旅行記の賞、第七回斎藤茂太賞受賞の知らせだった。

あまりの驚きに、「えええーっ⁉」と叫んだ。市場の金物屋さんで買い物していたヤンが私の声に驚いて慌てて飛び出してきた。周りの人たちもギョッとして私を振り返った。ソーリー、ソーリー。ブルガリア語で何というのか知らないので、英語で平謝りした。

私の初めての本の題名は『ホームレス女子大生川を下る in ミシシッピ川』。中身はもちろん真面目に書いたけど、まさかこんなふざけたタイトルの本が評価してもらえるなんて。家なき女子大生のその後は職なき旅人で、社会的に成長していないどころか悪化しているのに、そんな賞をもらってしまって良いんだろうか。

そりゃもちろん、本を書いたからには、いわゆるプロフィール欄に受賞歴が載っている作家先生に憧れた。でもそれは、小学生がいつかテレビに出てみたいと一度は妄想するのと一緒で、本気で叶えたいとは考えていなかった。

お祝いに、ヤンが3個乗せのアイスクリームを買ってくれた。それからカモの卵を買ってきてゆで卵を作ってくれた。それはニワトリの卵より白身に透明感があって、思い切りかじりついてもまだ半分以上残るくらい大きかった。

一生に一度あるかないかの表彰式に出たくて、黒海まではこのまま進み、長距離バスで空港まで行って日本に一時帰国し、それから当初ゴールとして設定していたイスタンブールへ飛ぶことにした。

どのみち風のうわさによると、ドナウ川河口から続く黒海沿岸を漕ぐには、昨今のウクライナ情勢を受けて特別な通行許可が必要らしい。ドナウ川の河口にある町スリーナから直線で45キロ程度しか離れていないところにスネーク島というロシアとウクライナが攻防を繰り広げている島があって、爆撃によるものと思われる「ドゴーン！」という音が聞こえるそうだ。

この旅で、いや人生で最高の喜びともいえる瞬間で、なぜか私は、少し前に遭遇した交通事故のことを思い出した。

乗っていた路面電車が急に止まったから驚いて外を見ると、窓ガラスを挟んですぐ目の前で、乗用車がおじいちゃんと接触事故を起こしていた。おじいちゃんは頭を怪我して、地面に血だまりができていた。すぐに救急車両がやってきて、隊員がおじいちゃんの頭の辺りを押さえるのが見えた。口を半開きにして、苦しそうに口元がピクピク動いているが、一応は呼吸をしているのだろうか。

車のそばには、私とあまり年齢が変わらないであろう女性が立ったまま泣きじゃくって、母親と思われる女性に肩を抱かれていた。彼女が轢いてしまったのかもしれない。

おじいちゃんにとっても、その女性にとっても、間違いなく人生最悪の日だった。だけど、その周りでは平然と車が道路を走り、歩行者は急ぎ足で駅の方へ歩いている。

ある人にとって人生最高の日が、別の人にとっては人生最悪の日で、それらが同時に存在しているのが地球にとっての日常なんだ。そう思ったら、私は嬉しいのに、この嬉しさをどう扱えば良いのかわからなくなった。

ヨット内の私の寝床。通称「犬小屋」

キッチンは大柄なベルギー人にはちょっと狭いけど、内装を手掛けた初代オーナーは家具職人だそうで、細かい工夫がいっぱいあった

フルショバと根なし草（ルーマニア）

ヨーロッパには、馬車に荷物を積んで中東欧を移動しながら暮らした少数民族がいた。彼らは、古くは芸を披露しながら旅をして収入を得ていた民族らしい。町から町へ転々とするうちに煙たがられることもあったそうだ。でも、私はそんな彼らをカッコいいと思っている。

電車や広場などで楽器を演奏して収入を得る人々は今でもいる。上の子供がアコーディオンを弾いて、その妹が紙コップを片手にお金を集めて回る。特に芸を披露することなくただ地べたに座るだけの人もいるけれど、同じことを裕福な西欧でやってある程度まとまった金額を貯める人もいる。ドナウ川沿いのフルショバという町には、そういう生活に成功した人が建てた一軒家があるという噂だった。

そんな町と船着き場を結ぶ遊歩道で、日焼けした肌に水色のワンピースが良く映える小さな姉妹が立っていた。絵の中から出てきたみたいに美しかった。

彼女たちは私が外国人だと気が付くと、すぐに何かをねだってきた。翌朝もう一度そこに行くと女の子はいなかったけれど、脇の階段を上ると、ドナウ川を一望する気持ちの良い原っぱに出た。

私は座って、ドナウ川下りをきっかけに始めた、とある趣味に取り組むことにした。フルートだ。

中学の頃、私は吹奏楽部に強く憧れたのだけど、帰りが遅くなることを心配した両親は入部を許可しなかった。それ以来、生の管楽器の音を聴くと胸が苦しくなったりして、いい加減そんな自分と決別したかった。

目標は、スマホの音楽アプリを聴いて充電を浪費しないように、音楽を自給自足すること。でも当然、初心者では音を出すのが精いっぱいで曲らしいものなんか吹けやしない。

夜は焚火の明かりで楽譜を照らし、美空ひばりさんの『川の流れのように』を練習した。テント生活もヨットの旅も、普通の家と違って隣近所に音の迷惑をかけないのが救いだった。

その甲斐あって、いや、下手くそでもフルートの音そのものが珍しいのか、ただ見晴らしの良い芝生で練習しているだけなのに、通行人がいくらかお金を握らせてくれた。初めて芸でお金を稼いだのだ。

小柄で、肌は日に焼けて、定住地を持たず、芸とも言えない芸で日銭を稼ぐ。なんだか私も旅回りの人みたいだけど、こういう旅暮らしもまんざらではない。


ルーマニアの地方都市を散策して、私は一つの結論に至った。ここで一番大きな家に住んでいるのは、ホームレスだ。

１９８９年のルーマニア革命に伴う社会主義の崩壊のあおりか、当時の集合住宅は頑丈な鉄筋コンクリートだけを残して廃墟になっていた。比較的最近潰れたらしい店舗や会社も、経済的な事情なのか更地にするでもなく朽ちるのを待っていたり。そういう建物が、道路沿いに柵もなく放置されていた。空っぽになった立派なアパートを奥の方まで探検すると、一か所だけ生活感のあるマットレスと、それからそのマットレスの持ち主に飼われているであろう犬がいた。名もなきホームレスは、まさに一城の主だった。

こうした廃墟探索に意気揚々と出かけていく私を心配して、ヤンはよくついてきてくれた。

ある時は、桑の実が廃墟の2階の窓とちょうど同じ高さにたくさん実っているのを見つけてくれて、二人で摘んでTシャツに紫色のシミを付けながら飽きるまで食べた。

またある時は、廃工場の巨大な煙突の途中に取り付けられた楕円形の不思議な扉を目指して、半分崩落しかけている階段を上ろうとする私を引き留めてくれた。実はその煙突状の建物は、下から簡単に入れるようになっていた。中に入って確認すると、扉を開いた先には床板も何もないことがわかってゾッとした。

その廃工場は、ドナウ川沿いに訪れたどの廃墟よりも立派だった。鉄鋼所らしい面影があって、大きくて重い工具が転がっていた。

従業員たちのロッカールームの壁にかかったカレンダーに何人かの裸の女の人

が描かれていて、その中に黒髪の人が交じっていた。ヤンはそれを見て、「オリエンタル（東洋風）だね」と言った。私はそうだね、と笑ったが、それから彼はすぐに慌てて、実際に東洋人である私の前でそんな表現をするのは不適切だったと弁解した。ずいぶん細かいことに気を遣う男なんだと驚いた。

床に未開封の封筒が散乱しているのを見つけた。中身を確認すると、給与明細だった。残業を合わせて月に200時間勤務して10万円くらいだった。日付を見ると、ここが工場としての機能を停止してからあまり経っていないことがわかった。そういえば、この近くに軍の敷地がある。もしかして、この廃墟がある土地も実は軍の持ち物なんじゃないか。そう気が付いて、二人で急いで退散した。

私とヤンは、いつの間にか二人きりで過ごす時間が増えて、深い話をする仲になっていた。

ヤンには10年付き合っている彼女がいた。なぜ10年も付き合っているのに籍を入れないのかというと、それはヤンが過去に辛い離婚を経験したから。愛を誓えるのは人生で一度きりだから自分はもう結婚はしないと決めたらしい。彼女と過ごした日々は最高で、お互いにこれ以上ないパートナーだと思っている。しかし、ナンパしたりされたり、そういう刺激的な楽しみも恋しくなってきた。そこで彼らは、ヨット旅で離ればなれになる数か月の間、お互いに自由に恋愛を楽しむという協定を結んだ。いわゆるオープンリレーションシップというやつだ。

ルールは、お互いの共通の友人には手を出さないこと。そしてヨット旅を終えて再び一緒になる時に、何でも洗いざらい白状すること。

これまで浮気は一度もしていないとハッキリ宣言した彼に、私は尋ねた。手をつなぐのは浮気か？　彼は「ハッハッハー！」と大きく笑うと、そんなのは浮気じゃないと言い切った。そして最も罪深いのは、キスをしたり、肉体的な関係を持つより、他の人と一緒になったら将来どんな生活があるだろうと期待を巡らせること。それこそが重大な浮気なのだと言った。

私は思った。一人であっちこっちに愛をささやく行為を世界は決して許容しない。それに、血のつながらない相手に愛情を同時にいくつも与えられるほど、きっと人間は器用じゃない。でも世界に80億人も人間がいる中で、人生をともにできるくらい相性が良い人物が1人しかいないと考えるのも、強引だろう。

その晩、私たちはヨットの狭いソファベッドで隣り合って横になってみた。

ケビンとの日々を、ヤンに置き換えて想像してみる。

やっぱりなんだか、しっくりこない。ヤンも同じだったんだろう。

「これは寝にくいね」

どちらともなくぼそりとつぶやいて、それぞれいつもの寝床に戻った。

ヨットでの食事風景。こんな風にみんなで集まって食べる。今日はパスタだ

ヨットで記念に写真を撮らせてもらった

別れのトゥルチャ

黒海まではもうすぐそこだ。ドナウ川でパスポートにスタンプをもらうことはもうないけれど、ルーマニアから黒海に出る途中にもう2つ国がある。モルドバとウクライナだ。ただしこの2カ国はルーマニアの対岸にあって、上陸しないので入国手続きを必要としない。

モルドバは領土の角がほんの数百メートルだけ川に接していて、一瞬で通り過ぎてしまう。でも、見逃しはしない。積荷を運ぶルートとしてドナウ川を活用しているため、その短い区間に派手な工業地帯が密集している。

そして、ウクライナ。

旅の序盤にロシアが侵攻してしまい、ここを越えるのが今回の旅の最大の難所になるだろうと意識していた。しかし、戦禍はドナウ川地域までは及んでいなかった。船の通行はあるし、釣りをしている人までいた。

いつもと違っていたのは一つだけ。それは、ウクライナ国境がドナウ川の片岸に接し始める地点と、また両岸がルーマニアに戻る地点の二か所にルーマニアの国境警備船が浮かんでいたことだった。

ドナウ川では国境を越えて船が移動することは当たり前で、国境が切り替わるちょうどの地点にそういう船が浮かんでいるなんてほとんどなかった。それが、ウクライナ情勢を警戒してか、私たちを見つけると停船の指示を出して近づいてきて、船の上でパスポートの確認が行われた。もし万が一手を滑らせてパスポートを川に落としたら、なんてひやひやしたけれど、「川のウクライナ側にはあまり近づかないでください」と念を押された以外は拍子抜けするほど普段と変わらないドナウ川で、ウクライナはあっという間に通り過ぎてしまった。

旅の終わりがヒタヒタと忍び寄り、気が付いたらもう私の肩を掴みかけていた。今度はヨットの仲間たちとの別れだ。ちょっと乗せてもらうつもりが、いつの間にかヨット居候生活を続けてから3週間も経っていた。もとは見ず知らずの間柄なのに「君は歴代で最長のゲストさ」と言わしめた。

トゥルチャという町を最後に、私はまた自分のカヤックを組み立てて黒海へ向かう。そういう予定でこのヨットに乗せてもらったのだが、いざトゥルチャに着くと、何だか急に別れがやってきたみたいで苦しい。いよいよお互い出航という時になって、急に雨が降り出した。やっぱり止めようか、もう1日港で過ごそうか、そんな言葉が出かかって、何とか飲み込んだ。

いろんな思い出を振り返る。彼らのヨットは船底に深いキールがあって直接砂浜に乗り付けることはできない。イカリを下ろして、インフレータブルカヤックに犬のロキを乗せて一人が浜まで漕ぎ、他はそのまま川に飛び込んで泳いだ。

いつだったか浜を散策し、ただならぬ四文字のアルファベットを見つけた。HELPだ。雨で崩れたりしていないから、比較的最近のものだと思うけれど、辺りに人はいない。きっと誰かのイタズラだが、それを私たちは面白がって、夜はヨットの中でホラー映画を観た。スプラッタなサイコホラーだ。

キャーキャー騒いで、もう寝ようと電気を消して、異変が起こった。私たちのヨットの周りを、何かが周回している。突然、外から強いライトで照らされた。ボソボソと、声のようなものも聞こえる。何事かと驚き、みんなで顔を見合わせて、でも怖いからまずは1人だけ甲板に出た。

その正体は、何てことはない、ただの漁師だった。ヨットのイカリから伸びた鎖に、漁の仕掛けが絡まってしまったらしい。お化けじゃなくてホッとした。

するとヤンがこんな話を聞かせてくれた。今回は漁師だったけれど、ヨットで海を旅する時は、いわゆる海賊に遭遇する可能性が少なからずあるらしい。海賊対策として銃や高圧放水機を装備する船もあるけれど、それよりも問題なのはヨーロッパを目指す難民船だと語った。

もし沈みかけた難民船らしきものを見つけたら、どうするべきだろう。海上保安庁のようなところへ連絡して待機するか。自分のヨットに乗せられる程度の人数だったら引き上げるか。ティムがタンカー船で働くために通っていた訓練校では、もしそういう船を見つけても、見なかったふりをするように教わったらしい。

ティムとヤンは、事前にさまざまなリスク管理を話し合ってから旅を始めたという。彼らの旅は、よくありがちなヒッチハイクとか海外一人旅とはわけが違う。二人と出会って、私は人生で初めて、長く一緒に旅ができる仲間が欲しいと心から思った。仲間のおかげで生まれる情景がきっとあって、そういう特別な気持ちや思い出を自分一人じゃなく揺るぎない誰かと共有することは、どんな宝物よりも尊いはずだ。

私を覚えていてもらうために、何かできることはないだろうか。悩んでいた矢先、町で車に轢かれたらしいカモメの死骸を見つけた。

ヨットに持ち帰っても良いか確認すると快諾してくれたので、記念に剥製を作ることにした。船内に飾ってもあまり場所をとらないように、全身ではなく、シカの剥製をイメージした首から上だけのものを作った。ゴミ捨て場から適当な木の棒や板を拾い、ヨットの修理のために積まれた工具を使って、剥製の中に入れる型を作った。剥製の目は通常ガラス玉を使うところ、浜で適当な大きさの小石を拾って、光沢のある黒のマニキュアを塗った。古いマイナスドライバーをキャンプ用コンロで熱して、剥製を壁に掛けるための木の土台に感謝のメッセージを焼き記し、別れを告げた。久しぶりに一人でカヤックを漕いでテントを張ったその晩、私は泣いた。

振り返ると18歳以降、私は2年以上同じ場所に住んだことがない。居住地を転々とする生活で、その度に出会いと別れを繰り返した。大人になればそういう痛みにも慣れるんだろうと、私はずっと思っていた。だけど実際には、出会いと別れを繰り返せば繰り返すほど、感じる痛みは増している。

私は、いろんな意味で、人生は苦しいものだと思っている。だけど、その苦しさに見合うだけのトキメキが、そこかしこに秘められていることも知っている。だから、前に進み続けなくちゃもったいない。

黒海の色は何色か

ドナウ川の終わり、黒海に出るすぐ手前はドナウデルタと呼ばれる。デルタとは三角州のことで、大河に運ばれた土砂が堆積し、黒海に繋がる3つの水路を形成している。タンカー船や観光客を乗せた大型船は3つのうちの真ん中のスリーナ・パスを使用。小型ボートやカヤックは南側を流れているセント・ジョージ・パスを通行できて、湿地が野鳥の保護区になっている。

アシの合間を小鳥が飛び回り、水の上には大きな鳥が浮いている。ペリカンだ。初めて訪れる場所なのに、なぜか、懐かしさがこみ上げてくる。私を川下りの魅力に目覚めさせたミシシッピ川の河口の風景によく似ている。あそこも河口はデルタだった。

黒海まであと10キロを残し、最後のキャンプをした。木々がうっそうとしている中で水浴びをすると、川から上がった瞬間に蚊に刺されるので、すぐにテントに飛び込んだら床がびちゃびちゃになった。テントの中でしっぽりとドナウの感傷に浸るはずが、台なしだ。

旅の序盤に知り合ったドイツ人カヤッカーのハインツさんが、蚊を避けるために冬に漕ぎ始めたと言っていたのをやっと納得した。私はのんびりし過ぎたから、ここに来るまでにすっかり夏になって蚊が出てきてしまった。

冬に始まり夏に終わったこの旅の中で、季節の移ろいに合わせて私の生活リズムも変化した。日照時間が短い冬のドイツでは日の出とともに漕ぎ始めたのに、東欧に入ってからは日が長くなったのを良いことに二度寝、三度寝と惰眠を貪り、背徳的な達成感に浸った。

しかしそれも今夜で最後と思うと、ソワソワして眠くもならない。朝食もそこそこに黒海へ漕ぎ出すと、下流の向こうにどこまでも続く水平線があった。

そのうち、段々と白い波の線も見えてきた。川の水と海の水がぶつかる大河の河口特有の波だ。ああそうだ、これも見たことがある。ミシシッピ川の終わりに見たメキシコ湾の景色と同じだ。

一つの大国を流れるミシシッピ川と、複数の小国を流れるドナウ川。私は「米」と「欧」の違いを求めて漕いできたのに、最後に出会う自然の景色は意外なくらいよく似ていて、ふと、ああ地球は一つなんだなと実感した。そして同時に、地球は一つでも、世界は一つではないのだとも理解した。

アメリカはあれだけ大きいのに、どこまで行ってもみんなの好物はピザとチーズバーガー。暑い州も寒い州も、大型スーパーは季節関係なくそっくりのレイアウトと品揃え。「アメリカ化」の波は本土に留まらず、選挙になれば、アメリカの政治の話を世界中のメディアが自分の国そっちのけで追いかけて、エンタメも教育もアメリカの話を海外の代表的な話として紹介する。

アメリカにずっといると、つい、これが世界の最先端であり正義であり目指すべき普通なのだと錯覚してしまう。私もそんなアメリカに憧れた一人だった。

でも、ドナウ川に来てみると、国境なんて自由に行き来できるくらい曖昧なのに、どの国もハッキリと異なる内情を抱えていた。それぞれの文化や価値観を軸にそれぞれの世界が回っていて、傷ついて二度と戻らない世界もあった。

地球は、たくさんの世界の寄せ集めなのだろう。例えるなら多角形のサイコロみたいで、どれだけ面がたくさんあっても表に見えるのは1つだけ。他の世界を覗くには、ちょっと勇気を出してサイコロを振るしかない。旅立ちは、サイコロを振るのと同じだ。その不確定要素も、旅の醍醐味なのだ。

待ちに待った黒海は、黒くなんかなかった。青かった。海も空も、青くてまぶしかった。透き通っていて、底なしの青。寒色だけど、温かい青。ピッタリ当てはまる言葉が見つからない。

潮風を胸いっぱいに吸い込んで、私は大きな独り言をつぶやいた。

海だ！　海だ！！　海だ！！！

カヤックを上陸させて河口の浜の角に立ち、水を味見する。川側はあまりしょっぱくないのに、海側は確かにしょっぱい。

間違いなく、ドナウの果てに私は立っていた。

帰り道

ドナウ川の終着点で、私は身動きが取れなくなってしまった。セント・ジョージ・パスの終わりにセント・ジョージという集落があって、道路は外部につながっていない。カヤック旅を終えるにも、まずはフェリーに乗って最寄りの町まで出ないといけないのに、軒並みストライキで欠航していた。

私は、船のヒッチハイクを試みた。これまでヒッチハイクに失敗したことはないから、どうにかなるだろうという自信があった。だけどこれが、今回ばかりはどうしても見つからない。いつも船の行商が来てくれるから、地元の人はそう頻繁に町まで出かけないみたいで、その行商も他の集落を訪ねながらなので、町に戻るまでに何日もかかるみたいだった。

港の人たちみんなが、私が船を探して途方に暮れているのを知っていた。それを見かねて、レストランの人が賄いを食べさせてくれた。ナマズのフライに爽やかなトマトソースがかかっている。お腹が満たされると、もう今日中に町まで戻るのは無理だとあきらめがついた。

気分転換にフルートを練習した。すると、その音を聞きつけた家族がやってきて、船に乗せてくれるという。ドナウ川下りの旅をきっかけに始めた下手くそな一芸に最後の最後で助けられ、旅の終わりに新たな旅が生まれてしまった。

一家が住む町は、周りを黄色い丘に囲まれていた。一面のひまわり畑だ。ブルガリアには有名なバラの谷があって、ルーマニアにはひまわりの丘があるのだ。そんなことを紹介しながら、一家のお母さんが高校生の頃の思い出を教えてくれた。

当時、ルーマニアは社会主義の時代で、電気が使えるのは一日に決められた数時間だけ。野菜や家畜は国の共有財産だから、農家でもお腹いっぱいになるほどの取り分はなく、父親は役人に賄賂を渡して鶏の数を少なく計上し、ごまかした分を家族で食べた。

農村部に入る情報は限られていて、1989年にルーマニア革命で社会主義を脱した時も、ピンと来なかったし、これまでの政治体制に疑問を抱いたこともない。それが大学で首都ブカレストに上京すると、外の価値観を持った学友ができて、やっと彼女自身も民主化という大きな変革を前向きに捉えるようになった。

「自由経済と民主主義は当たり前にあるものじゃないのよ。だから、こうして、あなたみたいな若い人に伝える必要があるの」

彼女がそんなことを語ってくれるのは、自国ルーマニアを想う特別な気持ちからであり、世界の未来を担う私たちにも危機感を持ってもらいたかったからだろう。

一方、私は何年ぶりかの日本への帰国が、故郷でありながらまるで遠い外国に行くみたいでひどく緊張していた。

私の帰国は、たくさんの人に助けてもらってやっと実現した。

まず、航空券とホテルは『ホームレス女子大生川を下る in ミシシッピ川』を出版してくれた報知新聞社のご厚意で用意していただけることに。これがどれだけ太っ腹なのかというと、初版の印税より高い金額なのだ。報知は赤字に違いない。

特に普段お世話になっているビジネス局局次長の南公良さんは、授賞式に着る服まで心配して、ドレスコードについて何度も念を押して確認してくれた。当然、こんな生活をしていたから襟付きのシャツなんか持っていないので、ドナウ川沿いの古着屋でタダ同然で買ったワンピースを着ていった。

旅行作家協会の下重暁子会長は、本を通して私の人となりを「ひまわりのような人」と言ってくれた。奇しくもその日私が着たワンピースもひまわり柄で、今回のドナウ川流域で最後に印象に残っている景色もひまわり畑だった。

私も人並みに落ち込むことはあるから、ひまわりのように天真爛漫かは自信がない。でも、一か所を向いたまま咲いていられず、太陽を追って首を振るという点では、興味が向くままじっとしていられない私と似ていると思う。

東京では、ドナウ川で落とした体重の倍、太った。とにかくみんなが優しく世話を焼いてくれて、食事は毎晩のように誰かが奢ってくれる。つまり一種の幸せ太りだった。久しぶりに高校の同級生が集まって、鍋の会も開いてくれた。スーパーのお買い得品を探して材料費を割り勘したけれど、かえって対等な仲間に会えたみたいでうれしかった。

私たちが集まったのは、葛飾区の廃業した町工場を改装したアトリエ・ゴースト。友人は「座れないイス」を作る現代アーティストをやっていて、ここの物置の柱にハンモックを吊るして住んでいる。

同い歳の友達は当然、みんな仕事をしていた。と、言いたいところだが、仲良し5人集まって、日曜なのに次の日仕事があるのは一人だけ。類は友を呼ぶ。月曜が来るのは憂鬱か尋ねると、当たり前だと一蹴された。だから近々仕事を辞めるつもりらしい。

「無職はいいぞお」

私は友人をそそのかした。世の中のストレスのほとんどは仕事が原因らしい。

「こいつ、辞める辞めるって言ってなかなか辞めないんだよ」

誰かがツッコミを入れた。

私たちはみな平等にお金がない。鍋の会の次はそうめんの会を開いたが、冷や麦の方が安かったので変更し、デザートは一袋でシェアできるプチシュークリームと一口大の粒状のシャーベット。大人なのに、まるで中学生みたい。でも、こういうくだらない集まりが、どうしようもなく楽しい。

さあ、そろそろ川下りの前に設定した宿題を回収しなければいけない。

私はトルコへ旅立った。

ドナウ川の終わり。砂浜の右側からドナウ川が流れてきて、左の黒海にぶつかる

イスラム教国とあの約束

トルコ・イスタンブールで泊まった最初の宿は、もちろん相部屋のバックパッカー宿だ。車が通れない細い路地に面していて、同じような路地が6本繋がった中心に小さな噴水があった。夜になると、噴水を囲ってカラフルな提灯が灯り、楽器を演奏しながら通りの飲食店を渡り歩く流しのミュージシャンが現れて、毎晩お祭り騒ぎ。ニューヨークの夜景が眠らない町なら、イスタンブールの騒音は眠れない町だった。

朝になると雰囲気が一変して、ゴミだらけの寂しい通りが現れる。独特のニオイがするのは、道路の隅に捨てられた飲食店の残飯のせいかもしれない。イスタンブールにたくさんいる野良犬にお裾分けしているのだ。

イスタンブールの野良犬は狂犬病のワクチンを接種していて、その証拠に耳にタグが通されていた。昼間の暑い時間には、通行の妨げにならないような日陰にゴロリと寝転がり、仲間同士で散歩する時は先頭の犬が時折後ろを振り返るなど、個々に思考と性格があった。彼らは決して人に吠えず、その暮らしぶりは人間社会に馴染んでいた。一方で、リードに繋がれた飼い犬は、他の犬を見れば吠えまくり、飼い主を引っ張って進むなど、むしろ野良犬の方がよく躾けられているように見えた。

そういえば、イスタンブールのサバサンドは絶品だ。鉄板で焼かれたサバがパンに挟まっている。サバとパンなんて、日本では想像もつかないような組み合わせだけど、食べてみるとサバの香りは日本と同じで懐かしく、主食がパンか米かなんてどっちでも良かった。

サバじゃなくても海産物が美味しいのはありがたい。屋台で売っている蒸した貝は安くて美味い。この貝、確かに蒸されているのに、貝殻がみんな閉じている。開くと中に米が詰まっているのだ。出汁がよくしみた炊き込みご飯みたいなもので、片方の貝殻をスプーンみたいにして食べる。

ある日、カルボナーラを作ろうとして大失敗した。それはヨットでティムが振る舞ってくれた思い出の料理で、材料はたったの5つ。パスタ、塩胡椒、卵、チーズ、ベーコン。牛乳なしでシンプルに作るのがコツだと言っていて、これなら宿の共有キッチンでも作れると思った。だけどどういうわけだか、スーパーにベーコンがない。何件ハシゴしても結果は同じで、代わりに魚肉ソーセージみたいなピンク色の塊が売られていた。

私はやっと気が付いた。そうだ、ここはイスラム教だ。豚は食べられないんだ。ところでイスラム教と言えば禁酒をしているイメージがあるが、実はトルコには名産の酒がある。アニスという植物で香りづけされたそのお酒はラキと呼ばれていて、独特の風味がある。強いて言えば、生薬の甘草に似ているという人もいる。甘いけれど変に鼻の奥に届く臭さがあるのだ。

ラキはかなり強くて、水で割って飲むのだが、なんと透明のラキは水を混ぜた途端に乳白色に変化する。これはウーゾ効果と呼ばれるものらしく、お酒に溶けたアニスの油分が水と反応して瞬時に乳化し白濁するそうだ。気になるのは実際にこれをイスラム教徒は飲むのかということだが、どうやらトルコの一部では、悪酔いせず少量をたしなむ程度なら飲酒しても問題ない、と捉えているイスラム教徒もいるらしい。

お酒を嗜まない人は砂糖へ逃げるのか、トルコにはいろんなスイーツがある。カラフルな四角いお菓子はいかにも甘そうだ。でも、食べると意外と甘すぎない。コーンスターチで固めたお餅みたいな食感で、こだわりのお菓子屋さんは砂糖の代わりにハチミツを使って、乾燥させたお花で香りづけをしていた。

相部屋の中東人がクナーファを食べろ食べろとうるさいので、一緒に食べに行った。小麦粉の生地を細切れにして、トレイに敷いたチーズの上にまぶし、全体をシロップで漬けてオーブンで焼いたお菓子だ。ものすごく甘いが、焼き立ては香ばしくてなかなかおいしい。でもちょっと冷えると、すごく胃に重たい。味は違うけれど、サラエボで冷えたブレクを食べた時の胃もたれに近い。

英語の熟語にイースト・ミーツ・ウエストという表現がある。東洋と西洋の異文化が出会い交わることだ。ボスポラス海峡を境に西はヨーロッパ、東はアジアと、二つの大陸圏を股にかけるイスタンブールだが、そこにあるイスラム教を中心にした文化はヨーロッパ的ともアジア的とも言えない全くの別物だった。

イスタンブールは、一言で言うとカオスだ。住む場所が足りないくらいたくさん人が住んでいて、特に中心地の家は古くて、レンガをそのまま積んだみたいな家も少なくない。外から見ても、中に入ってみても、あちこち歪んでいた。

この町には刺激がたくさんあって飽きないけれど、長く居ると疲れてまたカヤックに浮かびたくなる。幸いにも、いや、本当は宿を選ぶ決め手で、私が泊まっていた場所はマルマラ海に面した小さな船着場のすぐ近くだった。

私はカヤックを担いで、道に転がる酔っ払いを避けながら海に向かった。細いパイプの骨組みと船体の防水布がカヤックの形に組み上がっていくのを近くで見守っていたおじさんがいた。彼は私に言った。

「まさかこんな折り畳みのカヤックでマルマラ海を漕ぐんじゃないだろうな？　できるわけがない。君は何もわかっていない」

スマホの翻訳画面を見せて私にそう主張すると、こんな女の腕じゃ到底無理だと私の腕をつっついた。

嘘か本当かわからないが、トルコではいわゆる外国人のよそ者を「ヤパンジー」と呼ぶと教わったことがある。ヤパンジー、まるで野蛮人みたいな響きだが、彼も私を見てそう思ったのだろうか。

内海であるマルマラ海は、穏やかな日はベタ凪で、カヌー競技の練習をする人もいる。私は攻めた挑戦はせず、天候が極めて穏やかで転覆してもリカバリーできると思う時にしかカヤックを漕がない。移動手段や気分転換として今までたくさんの国で漕いできたけれど、女であることを決め手に引き止められたのは初めてだった。

イスタンブールにいる知り合いの女子大生たちと、カフェや雑貨屋さん巡りをした日のことを思い出す。彼女たち行きつけの場所が知りたくて、普段はどういうところで遊んでいるのか尋ねたが、自分たちだけで町を出歩くことはほとんどないのだと言った。

「だって、ほら、私たち女の子でしょう?」

トルコはイスラム教圏の中でもかなりマイルドで、特にイスタンブールはいろんな文化と中和しているというのが一般認識だ。実際、お尻すれすれの短パンを履いた女の子と、目だけを出して他は全部黒い布に包んだ女性が、同じ道を歩いている。

だけどやっぱり、この地域には近代ヨーロッパとは違う中東独特のジェンダー認識があった。海外旅行で初めて、女であることの窮屈さに直面した。

海辺のおじさんは、私がつい最近まで毎日ドナウ川を漕いでいたことを伝えると、まるで理解できないという顔をした。それで、スマホの地図でこれまで漕いだ道のりを示すと、急に目を丸くして、やっと私の旅路を許可してくれた。

翌朝、早朝の風がない涼しい時間を狙って漕ぎ出した。朝日に照らされて明るく染まった海面に、突然、黒い背ビレが生えた。イルカだった。コンテナ船が積荷を下ろす大きな港からそう遠くない場所に、イルカがいたのだ。好奇心からか、カヤックのそばを右へ左へ泳ぐと、またどこかへ消えてしまった。都会の喧噪《けんそう》のすぐそばにこんなに優雅に泳ぐ生き物がいるなんて。人間は陸の生き物なのに、水に浮かぶとワクワクが止まらないのはなぜだろう。

ケビンがトルコにやって来たのは、私がドナウに旅立ってちょうど半年経った8月のことだった。

東洋と西洋のつなぎ目イスタンブールで、アメリカ人の彼と日本人の私が再会するというひそかな目標が果たされた。

体が熱っぽいとケビンが言い出したのはその翌朝だった。薬局で新型コロナウイルスの簡易検査キットを買って検査すると、陽性だった。どうもアメリカから持ってきたか飛行機の中で感染したらしい。

本人は息苦しくないというが、喉が非常に痛くて何も食べられず、どんどん衰弱していくので医者を呼んだ。それが何本か点滴したら急に元気になってしまった。結局、今まで一度も感染しなかった私もとうとう感染して、回復するまで仲良く10日間、宿に閉じこもった。

暇なので、考えごとをしてみた。もし、あの時ビザが切れなかったら。もし、ケビンが結婚しようって言ってくれていたら。私はアメリカに残っただろうか。

いや、それでもきっと旅に出たはずだ。私は一度思いついてしまったら実行せずにはいられない性格だから、世界の川を下りたいと思った時点で、もう引き返せないところに来てしまったんだと思う。

私たちの宿はアジア側にあって、世界遺産アヤソフィアを代表とするモスクや観光地はヨーロッパ側にあった。イスタンブールの両側を繋ぐ地下鉄マルマライが開通したのは２０１９年。駅も電車もキレイだけど、昼も夜もトンネルの中は真っ暗だし、密室空間を避けて二人で毎日のようにフェリーに乗って、アジアとヨーロッパを行き来した。

ボスポラス海峡に浮かぶイスタンブールの夜景は、星の明るさをかき消すほど賑やかだった。

星の光は何光年もかけて地球へ届くというけれど、私たちはお互いの居場所すら定まらない旅暮らしの中でいろいろなタイムゾーンを乗り越えてきた。

この恋愛が、あとどれだけ続けられるのかわからないけれど、手が届かないものほど焦がれてしまうのが人情なのだろう。

モスクの塔よりずっと高いところで輝く満月が、キレイだった。

マルマラ海での野宿風景

ベルリンでカヤックを運んでくれたり、手伝ってくれた友人と。彼女もそれから旅に出ていて、トルコで再会。感動！

日本縦断自転車ツアーで通訳手伝いをしたTDAグローバルサイクリングでの集合写真

東南アジア自転車旅では、お寺にもお世話になった。自転車がパンクした時は、お坊さんたちのチームプレイであっという間に修理完了。モノクロでお見せできないのは残念ですが、袈裟はとても鮮やかなオレンジ色です

仏教国と自転車旅

「もう、普通の人の一生分遊んだと思うから、しばらく旅行はやめて、真面目に生活しようと思う」

東京の友人にこう言ったら、ジョアナは自分で自分のことがわかっていない、と呆れられた。その通りだった。舌の根が乾かぬうちに、私は次の旅行を思いついてしまった。

ケビンがアメリカに帰った後、一人で再びトルコから日本へ帰国する時、ロシア情勢の影響で直行便は北極まで迂回する長いフライトになり運賃も跳ね上がっていた。一番安く帰国する方法は、トルコからタイ、タイから日本と、二つの便を別々に手配すること。だけど世界地図を見ているうちに欲が出て、せっかくだからタイ・バンコクからカンボジアを経由してベトナム・ホーチミンまで旅行することを思いつき、1000キロくらいだからいっそ自転車で行ってしまおうと考えた。

「カヤック旅かあ。やったことないなあ。自転車旅なら、あるけれど」

たまにそんなことを言われるので、食わず嫌いにならないように私も一度くらいは自転車旅を体験するべきだと思ったのもある。

バンコクは日本語の看板に溢れていた。それだけ日系企業や観光客が多いのだろう。一文字もわからない曲線的なタイのシャム文字でできた暗号みたいな世界に、日本語だけが不自然に浮かび上がって見える。

食べ物は、何を食べてもなんとなく食べたことのある味がした。いや、でもグリーンカレーにしてもガパオライスにしても、日本で食べるのとは香辛料の利きがまるで違う。特にトムヤムクンは酸味とうま味が格別で、旅暮らしの疲れた五臓六腑に染み渡る。コンビニエンスストアはタイでも健在で、日本でもお馴染みのプラスチックのパックに入った四角いランチ用のサンドイッチを買ってみたら、具材のお肉がかなり甘口。知っている食べ物だと思って口に入れたのに、全く知らない味がする。頭が混乱してきた。

私にとって東南アジアは「帰る場所」であって「旅行しに行く場所」ではないと思い込んでいた。でもこうして来てみると、今まで感じたことがない不思議さと、圧倒的な異国情緒がタイにはあった。


自転車旅は中古自転車屋さんで自転車を探すところから始まった。

そもそも私は普段から、自転車に乗る習慣がない。子供の頃は、「自転車は危ないから」と両親が心配して、低学年用の自転車が体格に合わなくなると家から自転車自体がなくなった。しばらく乗らないうちに、だいぶ下手になった。

聞きかじった情報で、タイヤに溝があること、ブレーキが利くこと、チェーンやギアに錆がないことを決め手に、これなら安全だろうと見込んだクロスバイク風の自転車を3万円で買った。何軒もハシゴして、これでも安い方だった。元は日本の放置自転車だから、タイでは何代オーナーを乗り継いでも価値は大きく下がらないらしい。まさか放置自転車にそんな資産価値があるなんて……！

「タイを走るのは簡単だ。カンボジアは、道路に気を付けろ。ベトナムはバイクが多すぎて、危険だ」と自転車店のおじさんは言ったけれど、問題は走り出す前に起こった。

まずは宿まで自転車を持ち帰ろうと、混雑した道で自転車を押して進むと、後ろでカランと乾いた音がした。振り返ると、ペダルが地面に落ちていた。クランクのネジ穴がバカになっていて脱落したのだ。いくらツーリングに慣れている人でも、重たい予備のクランクを修理キットに忍ばせている人はいないだろう。旅に出る前で良かった。

私の自転車の後輪の上には文庫本くらいの幅の細長い荷台のようなものが乗っていて、普通、自転車旅の人は、専用のカバンをこの荷台の左右にぶら下げて走るらしい。だけど私の荷物は80リットルの登山用バックパックに入っていて、そのまま荷台に乗せると重心が高くてフラフラする。そもそも細い荷台に大きいバックパックを固定するのが難しい。せめて少しでも安定するように、板代わりとなる厚手の段ボールをリュックと荷台の間にかませてみた。これが大正解だった。

段ボールは夜になると、私の布団に変身した。

タイや東南アジア特有のスコールで雨宿りするためか、道路脇によく東屋が建っていた。私はそこでマラリアを媒介する蚊に噛まれないように蚊帳を張って、そして段ボールを布団代わりに敷いて寝た。頭からお尻くらいまであれば、足は布団なしでも大して寝心地は変わらなかった。

カンボジアへの国境を越えて、気が付いたら車道を逆走していた。国境を境に、車が左側通行から右側通行に切り替わっていた。国道は片側一車線ずつしかないので、車の追い抜きは反対車線に出ていつも正面衝突ギリギリのタイミング。路肩では明らかに重すぎる屋台をバイクがノロノロ引っ張って、黒い煙を吐き出している。

「道路に気を付けろ」とはこのことか。妙に納得しかけたところ、今度は路肩に大きな古タイヤが転がっていた。それは雨の日で、私は古タイヤを避けようと水たまりの間を抜けようとして、あっけなく転倒した。投げ出された勢いのまま体が地面を滑った。しかし起き上がると、かすり傷もなく無傷だった。

私は気を取り直して、再び自転車にまたがった。しかしペダルを踏むと、どうも真っすぐ進まない。よく見ると、ハンドルが曲がっていた。生身の体よりヤワなハンドルってどうなんだろう。直そうにも調整用の六角のネジ穴は古くて錆びついていてどうにも回らない。最寄りの町まで戻ったら、バイク屋のお兄さんが直してくれた。

カヤック旅は危険と思われがちだけど、私からすれば、みんなが日常的に乗っている自転車の方が、よっぽど危ない乗り物だと思う。だって、車という鉄の塊に交じって、生身の人間がこんな脆い乗り物に乗って走るんだから。

文字は相変わらず何も読めないけれど、今度はクメール文字になった。タイと違ってカンボジア料理は馴染みがないから、文字が読めないままでは何を頼めば良いかわからない。私は仕方なく、唯一伝わる英単語「ライス」と「ヌードル」を交互に繰り返してみたら、どこの食堂でも似たようなチャーハンと米粉麺が出てきた。

私はカンボジアについてよく知らないまま、地図上で大きな四角で囲まれている公園らしき場所を目指して走った。よくよく名前を確認したら、それはなんと世界遺産アンコールワットだった。調べればわかることを調べずに旅を続けたから、何もかもがサプライズだった。

両替所に行って日本円を渡したら、米ドルが返ってきたのにも驚いた。カンボジアでは現地通貨のリエルと米ドルの両方が流通していて、アンコールワットがあるような観光地ではレストランや施設の入場料はドル表記になっている。ドルで支払って、末端のおつりがカンボジアリエルで返ってくる。

しかし、米ドルが流通していながらも、カンボジア人のほとんどは英語が話せない。両替商のおじさんも話せないので、学校で英語を習っているらしい10歳くらいの男の子を連れてきて通訳させていた。

貴重な英語人材は、意外なところにもいた。お寺だ。

ドナウ川ではキリスト教、トルコではイスラム教、そしてここカンボジアは熱心な仏教国で、小さな町にも必ずお寺があった。お寺へ行くと、誰かしら一人は英語が話せる人がいた。そういうお坊さんの後ろには、オレンジ色の袈裟を着た小さな見習い僧たちが大勢ついて回っていたりする。

お寺は信仰の場にとどまらず、地元の老若男女がなんとなく集まる公園みたいな存在で、珍しい旅人を怪しがることもなく、快く境内に泊めてくれた。

ある時、自転車が雨に濡れないように見習い僧たちが移動させてくれたら、床板からわずかに釘が出ていてパンクした。するとまたわらわらと同じ背格好の見習い僧たちが集まって、大きなタライに水を張って、パンク修理をしてくれた。

彼らがなぜ幼いうちからお寺に入ったのか、その背景にはいろいろな事情があるのだろう。お寺を通して得られる平穏と教育機会の確保も理由の一つかもしれない。

ある朝、起きると、托鉢帰りのお坊さんがやってきて、お水とお菓子をくれた。何も持たず、信仰のために生きる人が与えてくれた優しさは、持たざる者も何か人に分け与えることはできるのだと、人生で大切なことを教えてくれた。

ところで実は、私を自転車旅へと駆り立てた理由が、もう一つある。それは以前、東京で散歩がてら立ち寄った古本屋さんでたまたま手に取った一冊『ライカでグッドバイ』。ベトナム戦争で活躍した日本人戦場カメラマン、沢田恭一さんを題材にした本で、この表紙にもなっている彼の代表作『安全への逃避』という一枚には、不思議な縁があった。

インターネットがなく、電送といって写真データを白黒の細かい点に変換して海外の報道機関へ送っていた時代、真夜中にその電送を受け取る当番をしていたのが、のちに私とカヤックが出会うきっかけをくれたおじいさんだった。つまり彼は、日本で初めてその写真を見た人物ということになる。

「電送写真っていうのはとにかく粗くて、ところどころ途切れ途切れになってい てね。それを、元の写真を予想して筆で修正するんだ」

連日たくさんの写真が送られてくる中で、あの写真には、絶対に後世に残るだろうと確信する迫力があって、今でもその衝撃を覚えているらしい。

この本をリュックに忍ばせた時はまだ、この自転車旅を思いつく前だった。本の中で、沢田さんが銃撃されて亡くなった場所はカンボジアの首都プノンペンにほど近い国道沿いだと記されていて、偶然にも今回、その近辺を通過するとわかった。

あくまで遠い安全地帯からではあるけれど、ドナウ川下りではウクライナ情勢と東欧の社会主義崩壊に伴う傷跡に触れ、私はやっと戦争を現実のものとして捉えられるようになっていた。だから、近代アジアで起こった戦争を取材した沢田さんと同じ土を踏んで、沢田さんが見た景色が現在どう変化したのか、どうしても自分の目で確認したいと思った。

私が自転車を走らせていたのは雨期で、冠水した道路で自転車を押して歩く日もあった。よく晴れた日は、水没した田畑が湖みたいになっていて、突然どこからか「ハロー！　ハロー！」と声がした。畑に浮き輪を浮かべてはしゃぐ子供たちだった。

その場所はきっと、ゲリラが昔潜んで車を狙い撃ちにしていた場所と、あまり遠くない。でも今やその面影は微塵もなく、ただ平和な農村の景色があった。

私が『ライカでグッドバイ』を読み終えたのは、自転車旅のゴールであるベトナム・ホーチミンへ着く頃で、そこは沢田さんが戦場カメラマンとしてのキャリアをスタートさせた町でもあった。そんなホーチミンに集まった当時のジャーナリストたちは、本音を言えばみんな有名になれるチャンスを求めてやってきていて、戦争を伝えるという正義感は活動を続けるうちに後天的に生まれたのだと、本の中で考察されている。

それは単純に、まだ戦争報道が珍しかった時代背景もあると思う。でも私は、何かを成し遂げたいと熱く命を燃やすのに、社会的な建前なんて本当はどうでも良いのだと言われている気がして、この本が大好きになった。

自転車に乗ってみて、私にも自転車旅にハマる人の気持ちがよくわかった気がする。

川の流れに身を任せるという怠惰で受け身とも言える日々の先に、あるいは自転車に乗るという能動的な日常の動作のちょっと先に、地球規模の大冒険がある。

旅というのは不思議なもので、長く続ければ続けるほど、終わり方を見失ってしまう。川には海という終わりがあるからまだ良いけれど、道路は大陸中に張り巡らされていて終わりがない。どこまでも行けてしまう。

ただ、実質1年近く無職の状態でふらふらと旅暮らしを続けていた中で、私にも大きな心境の変化が訪れた。働きたい。社会に出てバリバリ稼いでみたい。そんな時、ワーキングホリデービザを知った。30歳以下の若者に1年間の期限付きで就労許可付きの滞在ビザを与える制度で、これを利用して日本よりも最低賃金が高いニュージーランドの剥製工房で出稼ぎすることを思いついた。

私は、とにかく安く生活するためにキャンプ場を居住地として選び、中古で破格だった小学校高学年用の自転車を通勤用に買った。ところがしばらく走ってからギアが壊れているのに気が付いた。アップダウンのある丘が続くのに疲れた頃、「ようこそ」と日本語の看板を出している農場を見つけた。

もし、自転車が壊れていなければ道草を食おうと訪ねることもなかったその農場は、昔、日本をはじめ各国から農業体験を受け入れていたそうだ。私は料理と掃除とを引き換えに居候させてもらえることになった。

少しずつ生活にも慣れ始めて友人ができると、ガレージで眠っている車を通勤用に貸してくれる人まで現れた。

そしてなんと職場からは、正式な就労ビザへの切り替えを打診された。

これに切り替えれば、ゆくゆくは永住権の申請も叶うだろう。人生で初めて、慎ましくも人並みに安定した生活が保障されるチャンスを与えられた。大きな湖と山に囲まれた本当に清らかで美しいワナカという町で、ニュージーランドの暮らしは順調すぎるくらい順調だった。

ところが私はその後、一転して、今度は外国人約30人で長崎から北海道を目指す自転車ツアーを通訳として手伝いながら、ドナウ川の記憶を振り返ってこの原稿を書くに至った。世界中で大陸縦断ツアーなど大規模自転車旅行を専門に行うカナダ資本の「TDAグローバルサイクリング」という会社で、なんと将来的にはカヤックと自転車を組み合わせたツアーを計画したい、とも考えているらしい。

このツアー客の一人である地質学の先生が、その研究人生で最も印象的だった出来事の一つとして、学生時代に穴の掘り方を習った時の話をしてくれた。たかが小さな穴を掘るために、かなり細かく熱血な指導があったそうで、当時の講師の知識量もさることながら、何でも良いから人生でそれだけの情熱を注げるものを見つけるのが肝心なのだと悟ったそうだ。

凡人であればなおさら、本心から情熱を注げるものであるかは重要で、私の場合、その対象はまさしく「旅」である。随分時間がかかったけれど、そんな自分をやっと受け入れられるようになって、私は母と自分の共通点も見つけた。

私たちは、自分の母国が嫌いになって海外に出たんじゃない。母はフィリピンが、私は日本が好きだ。ただ、どこか知らない世界を覗いてみたいという好奇心と、自由への渇望が人一倍強いのだろう。

母が求めた自由は貧しい大家族の長女特有のもので、「どこへ行っても兄弟が後をついてくる。私も一人で出かけてみたい」という憧れから生まれたものだった。若き日の母はそれを叶えたものの、結婚して以降は一変して、友人と出かけることも一度もなく、母として、妻として、家計の支えとして、最期まで生きた。

私は幼心に、家族に従順すぎる母の生き方が立派に思えながらも腹立たしく、もどかしいくらい窮屈に見えて、自分は大人になったら自由だけは奪われたくないと強く願った。

今、私がこうしてさすらいの自由人となったのは、大切な進路や就職活動の場面で、世間的には失敗もしくは非常識と思われるような選択を繰り返した結果であり、失ったものも少なからずある。それでも一つだけ、母を超えられた気がする。私はもう、母が行ったよりたくさんの国を旅している。

拠点がないまま、数日後に自分がどこで何をしているのかもよくわからない毎日も、ここまで来るとすっかり慣れて不安もなくなってしまった。

旅する自由は、人生の選択権の象徴だ。自分自身で選択を繰り返した先に得られる充足感を「自分の中の幸せ」と言うならば、旅はいつも笑顔と発見を運んでくれる。

一人であてもなく放浪する日々に、私は幸せを見つけられた。

あとがき

こんにちは。旅行記を最後まで読んでくださり、ありがとうございます。

「ドナウ川ってどこ？」と思った方もいれば、ヨーロッパ旅行の定番スポットとして、ご自身の懐かしい旅の思い出と照らし合わせながら読まれた方もいらっしゃるかもしれません。だけど、同じ場所を訪れたとしても、同じ旅は二つとないはず。カヤックという限りなく自由で自然な乗り物が運んでくれた「今の景色」を少しでもお伝えしたくて、心を込めて書いてみました。

旅は一人旅でも、本作りは一人ではできません。長い旅の中で起こったたくさんの出来事を整理し、何を選んでまとめるか、辛抱強く相談に乗って導いてくださった編集者の三宅さん、本当にありがとうございました。

また、カヤックやテントなどの装備を提供してくださったモンベル様にもお礼を申し上げます。世界の大河を日本の道具で旅することができて、誇らしい気持ちです。

実は、この本が本屋さんに並ぶ頃には、私はドナウ川の旅で訪れて気に入った、あの国に引っ越しています。ハンガリーです。国際交流を目的に学費、寮費、医療保険、食事の扶助などを受けられるハンガリー政府奨学金を利用して建築学科への留学が実現したのです。

人生で何より無駄な出費は家賃と宿泊費。屋根も壁もどうでもいい。そんな私が建築なんておかしいでしょうか。法律やルールが厳しい建築の世界じゃ、自由人のジョアナはやっていけないと周りからは忠告されました。でも、家は暮らしに直結するものだから、建築を学べば旅人として行く先々の国を考察する上で役立つんじゃないかと思ったのです。それに、国境なき医師団で活動している知人から最近聞いた話では、同団体では難民キャンプ建設のために建築家も働いているとか。「国境なき建築家」は実在するのです。

初日の授業で教授が教えてくれた良い建築家になるための心得は、「もっと旅をせよ」でした。世界の文化に優劣がないように、世界各地に個性的な建築物がある中、自分の国の建物しかわからないなんて、建築家として説得力がないから。旅と建築は相性が良いなんて、運命かな。おかげでこれからも旅人を続ける大義名分ができました。

一作目のミシシッピ川では家を失って川を下り。今作では職を失い川に向かったかと思えば、カヤックでは飽き足らず自転車に乗ってみたり。こんな私だから、留学先ハンガリーまで普通に飛行機に乗ってしまうのがもったいなくて、バックパッカーをしながら新学期を目指す旅を思いつきました。

この珍道中はまたいつかの機会にまとめるとして。ロシアを知ろうと手に取った佐藤優さんの『生き抜くためのドストエフスキー入門』という本の中で、社会主義の時代を生きたドストエフスキーは、ロスチャイルドを守銭奴と思い込み資本主義を理解しないまま書いていた、という考察がありました。時代を越えて読まれる著書を多く残した偉大な文豪も、それこそ物語の主人公のように、どこか未成熟な部分を抱えていた。駆け出しの旅行作家として悩みながら文字を打つ私は、ホッとしました。

私は旅人だから、旅を終えたら不思議と次の旅が始まって。旅へ出れば発見の連続で。そこから生まれる「書きたい」がこうして実現しているのは、読んでくださる読者の皆様のおかげです。本当に感謝しています。

「今までの旅で一番楽しかったのはどこですか?」。最近よくこんな質問を受けます。これは本当に難問です。だって、旅をしている時は、その旅に夢中で、その場所が一番楽しいから。

ほとんどの人にとって、旅は一時的な遊び、休暇です。やろうと思えばいつでもできるけれど、食べ物は空腹の時が一番美味しいのと同じで、やりたいことはやりたい時にやるのが、一番楽しいはず。もし、この本を読んで少しでも旅に興味が湧いたのなら、近場でもいい。短期間でもいい。行ってみてください。

最高に楽しいと思える旅のひと時が、あなたにも訪れますように。

ドナウ川下りがきっかけで選んだ新たな留学先・ハンガリーの大学を目指し、バックパッカー旅行へ。

このままバックパック一つで入学式＆新生活をスタートさせた。旅人人生は、まだまだ続く

参考資料

リベルランド政府公式ホームページ
liberland.org/en/about

"The History of Danube Sinkhole." SelfGrowth.com,
https://www.selfgrowth.com/articles/the-history-of-the-danube-sinkhole

"China's post-1978 experience in outbound tourism. " Math Comput Simul, 2008.
https://www.ncbi.nlm.nih.gov/pmc/articles/PMC7126897/

"Orban has last laugh as Hungary's 'joke' party accused of dividing opposition falls flat." Euronews, 2022.

https://www.euronews.com/my-europe/2022/04/06/orban-has-last-laugh-as-hungary-s-joke-party-accused-of-helping-opposition-fall-flat?utm_source=Twitter&utm_medium=Social

"Hungary elections: it's the most popular party on Facebook, so why haven't you heard of the Two-Tailed Dog? " THE CONVERSATION, 2018.

https://theconversation.com/hungary-elections-its-the-most-popular-party-on-facebook-so-why-havent-you-heard-of-the-two-tailed-dog-94587

"A brief history of the Guy Fawkes maks." THE WEEK, 2015.
https://theweek.com/articles/463151/brief-history-guy-fawkes-mask

"ハンガリー―パクシュ原子力発電所増設の動き"
https://www.jstage.jst.go.jp/article/jaesjb/53/11/53_787/_pdf/-char/ja

"Vucover massacre: What happened." BBC, 2003.
http://news.bbc.co.uk/2/hi/europe/2988304.stm

Development Agency of Serbia
http://www.ras.gov.rs/en/sector/agri-food-industry

Fruit and vegetable production and foreign trade. Kolinda Hregorović, Serbia. 2022.

"Yugoslavs and Rumanians Start Power Project at Danube Gorge; Taming of River's Iron Gate Is Officially Begun by Tito and Gherghiu-Dej." The New York Times, 1964.
https://www.nytimes.com/1964/09/08/archives/yugoslavs-and-rumanians-start-power-project-at-danube-gorge-taming.html

"Ada Kaleh: a Turckish island in the Danube river." Ekrem Bugra Ekinci, 2016.
https://www.ekrembugraekinci.com/article/?ID=669&ada-kaleh:-a-turkish-island-in-the-danube-river

"The Struggle with the River: Vienna and the Danube from 1500 to the Present." Arcadia, 2012.
https://www.environmentandsociety.org/arcadia/struggle-river-vienna-and-danube-1500-present

Tour International Danubien (TID) (tour-international-danubien.org)

著者プロフィール
佐藤ジョアナ玲子（さとう　じょあな　れいこ）
1996年、東京都港区生まれ。日比ハーフ。東京都立工芸高校卒業後、米・ネブラスカ州に大学留学。コロラド州とニュージーランドの剥製工房で職人修行。現在はドナウ川下りの体験がきっかけでハンガリーに建築留学をしている。

カバーイラスト
小俣花名（こまた　かな）
画家。武蔵野美術大学大学院博士課程在学中。FACE2020優秀賞。世界絵画大賞展2023大賞。アートフェア東京など出展多数。

2023年12月25日　初版

ホープレス inドナウ川
世界の川を下る旅　ヨーロッパ編

著者　佐藤ジョアナ玲子
発行者　永山　一規
発行所　報知新聞社
〒130-8633 東京都墨田区横網1-11-1
電話　03(6831)3333（代表）

カバーデザイン　入江あづさ
本文デザイン　株式会社サン・ブレーン
印刷所　株式会社サンエー印刷

ISBN　978-4-8319-0178-1